Waldemar Erdmann

Bundeswehr Grundausbildung – Das Handbuch

Mit zahlreichen Praxis-Tipps aus erster Hand optimal vorbereitet

Ablauf, Grundwissen Staat, Politik, Teilstreitkräfte, Dienstgrade, Waffenkunde und Wehrrecht

plakos

Herausgeber:
Plakos GmbH
Vertretungsberechtigter Geschäftsführer: Waldemar Erdmann
Sitz: Willy-Brandt-Allee 31 B, D-23554 Lübeck

Website und Kontakt:
www.plakos-akademie.de
E-Mail: support@plakos.de

Facebook: plakosDE
YouTube: Plakos Akademie
Instagram: plakos_akademie
TikTok: plakos_akademie

ISBN: **978-3-948144-99-9**

Bundeswehr-Grundausbildung erfolgreich meistern

Die Plakos GmbH hat bereits tausende Bewerber mit Büchern, Online-Kursen und Apps auf ihre Ausbildung sowie Einstellungstests und Assessment Center vorbereitet. Die angesehenen Online-Tests von Plakos wurden millionenfach absolviert. Dieses Buch dient zur Vorbereitung auf die Bundeswehr-Grundausbildung.

Dein Feedback ist uns wichtig!

Sollten dir Fehler in diesem Buch auffallen oder solltest du unzufrieden mit den Inhalten oder einem unserer Produkte sein, so schreibe uns gerne eine E-Mail an support@plakos.de. Wir antworten schnellstmöglich! Antworten auf häufig gestellte Fragen findest du auch auf der Webseite plakos-akademie/kundenservice/.

Hinweis: Aus Gründen der Lesefreundlichkeit haben wir weitgehend auf Gendering verzichtet. Die gewählte Personenform gilt wertfrei für alle Geschlechter.

1. Auflage
Waldemar Erdmann

Inhaltsverzeichnis

Über den Autor

Waldemar Erdmann ist Geschäftsführer der Plakos GmbH, die seit über einem Jahrzehnt erfolg-reich Webseiten für Karriereberatung und Online-Tests betreibt. Er machte seinen Abschluss an der FH Würzburg zum Thema Skills Management Software und hat zahlreiche Bücher und Artikel zum Thema Eignungstests und Auswahlverfahren verfasst.

Außerdem entwickelt Waldemar Apps und Online-Tests, die Bewerber auf verschiedenste Aus-wahlverfahren vorbereiten. Er lebt mit seiner Familie in der schönen Hansestadt Lübeck.

Vorwort

Wir wussten, dass die Welt nicht vollkommen ist und dass es Menschen braucht, die sagen: Ich dien'!

Dieses Zitat stammt aus der Abschiedsrede von Generalmajor a. D. Christian Trull. Es trifft im Kern meinen Antrieb, dieses Buch zu schreiben. Du hast dich entschieden, in die Bundeswehr einzutreten und dich in den Dienst deines Landes zu stellen. Dieser „Job" verlangt dir einiges ab und ich möchte dir mit diesem Buch in dieser fordernden Zeit zur Seite stehen.

Egal ob du dich für deinen Dienstantritt vorbereitest, gerade mit deiner Grundausbildung begonnen hast oder bereits aktiver Soldat bist – das vorliegende Buch ist kein Ratgeber wie jeder andere. Es soll dir als Kompass und als deine persönliche Backup-Lösung dienen. Wenn du Tipps brauchst, die dir vorerst keiner geben kann, findest du auf den folgenden Seiten, was du brauchst. Du wirst vorbereitet in deine Ausbildung gehen und Schlüsselinformationen haben, mit denen du glänzen kannst. Du wirst im Stande sein, deine Kameraden zu unterstützen, wenn sie deine Hilfe brauchen. Damit du dazu fähig bist, lernst du mit diesem Buch alles rund um die wichtigsten Themengebiete: Außen- und Sicherheitspolitik, Rechtsgrundlagen, Waffenkunde, Handlungshilfen, Tipps für die ersten Wochen der Grundausbildung und vieles mehr.

Im Kapitel „Aus der Praxis für die Praxis" findest du wichtige Tipps, die sich bereits bewährt haben. Für den Fall, dass du diese Hilfestellung benötigst, kannst du direkt zu diesem Kapitel springen. Generell solltest du dieses Werk als Handbuch verstehen, das nicht an einem Stück gelesen werden muss. Du kannst es so nutzen, wie du es gerade brauchst. Auch in deiner späteren Karriere bei der Bundeswehr macht sich das Buch gut in deinem Dienstzimmer neben dem Grundgesetz. Ich habe es für dich daher auch als Nachschlagewerk geschrieben, das über deine Grundausbildung hinaus nützlich sein wird.

Mit dem Kauf dieses Buches hast du dich goldrichtig entschieden und bist bestens auf die aufregendste Zeit deines Lebens vorbereitet und gewappnet für deine Bundeswehr-Grundausbildung.

Politische Bildung – das große Ganze

Du hast dich entschieden, deinem Land zu dienen, daher solltest du über grundlegendes Wissen rund um das politische System der Bundesrepublik Deutschland verfügen. Was erstmal furchtbar trocken klingt, habe ich dir natürlich sehr schmackhaft angerichtet. Also keine Sorge – mit diesem Kapitel weißt du in null Komma nichts über die FDGO, die Innere Führung, den Staatsbürger in Uniform, den Bundestag, den Bundesrat sowie das BMVg und den Wehrbeauftragten Bescheid. Dadurch wirst du nicht nur deine Ausbilder und Vorgesetzten positiv überraschen. Du lebst das Soldatentum und weißt zu jeder Zeit, wem und wofür du dienst. Damit bist du vielen Kameraden schon einiges voraus und kannst sogar als Vorbild dienen.

Die freiheitliche demokratische Grundordnung (FDGO)

Nach dem Zweiten Weltkrieg lernte Deutschland aus den Geschehnissen des Krieges und schuf 1949 eine neue Verfassung. Diese Verfassung mit ihren 146 Artikeln, genauer gesagt 19 Grundrechtsartikeln, wurde damals als Grundgesetz (GG) konzipiert und trägt diesen Namen bis heute. Um die FDGO und damit das Fundament unseres Staates zu verstehen, brauchen wir drei Artikel aus diesem Grundgesetz:

- Artikel 1 GG (Menschenwürde)
- Artikel 20 GG (verfassungsrechtliche Prinzipien)
- Artikel 79 Absatz 3 GG („Ewigkeitsklausel“)

Artikel 1 GG – die Menschenwürde
Die Menschenwürde nach Artikel 1 des Grundgesetztes ist ein Gut, das nicht verkauft, abgegeben, aberkannt oder entzogen werden kann. Nie wieder dürfen Menschen wie im Dritten Reich ausgegrenzt, entwürdigt und verfolgt werden.

Artikel 20 GG – staatliche Grundprinzipien
Die Grundprinzipien des Staates lassen sich wie die Säule eines Tempels darstellen:

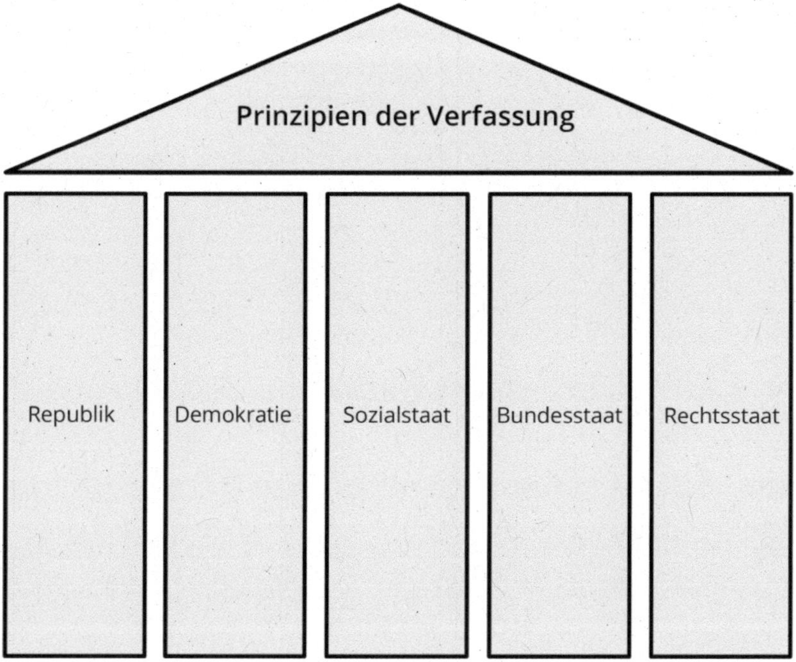

Republikprinzip
Das Prinzip der Republik besagt, dass der Bundespräsident als Staatsoberhaupt Deutschlands nicht durch Erbschaft in Form einer Dynastie legitimiert wird, sondern durch das Volk selbst auf eine bestimmte Zeit gewählt wird und im Ernstfall auch abgesetzt werden kann.

Demokratieprinzip
Das Prinzip der Demokratie besagt, dass es mehrere Parteien geben darf und alle die gleichen Chancen haben (Mehrparteiensystem), das Volk selbst über die politische Führung des Landes entscheidet und die gewählte Regierung eine Verantwortung gegenüber dem Parlament hat.

Sozialstaatsprinzip
Das Prinzip des Sozialstaates besagt, dass der Staat jedem Bürger ein Existenzminimum garantieren muss und verpflichtet ist, für einen sozialen Ausgleich unter allen Bürgern zu sorgen. Ist ein Bürger nicht mehr in der

Lage, seinen Lebensunterhalt selbst zu erwirtschaften, wird ihm durch Sozialleistungen geholfen.

Bundesstaatsprinzip
Das Prinzip des Bundesstaates legt fest, dass sich die 16 deutschen Bundesländer zu einem größeren Bundesstaat zusammenschließen. Dabei wird die Staatsgewalt nach Aufgabenbereichen aufgeteilt. Man spricht von Legislative (gesetzgebende Gewalt), Exekutive (ausführende Gewalt) und Judikative (rechtsprechende Gewalt).

Aus dem Zusammenschluss der Bundesländer zu einem föderalen Staat ergibt sich, dass es sowohl Bundes- als auch Landesgesetze gibt, wobei Bundesgesetze die der Länder stets übertreffen. Damit die Bundesländer in Bundesangelegenheiten dennoch ein Mitspracherecht haben, existiert der Bundestag – dazu aber später mehr.

Rechtsstaatsprinzip
Das Prinzip des Rechtsstaates bindet die Gesetzgebung an das Grundgesetz. Folglich sind Bundestag, Bundesrat, Bundesregierung und Opposition in ihrem Handeln eigeschränkt und werden durch das Bundesverfassungsgericht kontrolliert. Durch diese Kontrolle werden jedem Menschen die gleichen Grundrechte zuerkannt. Darüber hinaus steht jedem Bürger der Gang vor ein ordentliches Gericht offen, wenn er sich rechtswidrig behandelt fühlt. Dies bezeichnet man als „Rechtsweggarantie".

Artikel 79 Absatz 3 GG – die „Ewigkeitsklausel"
Diese Grundprinzipien der Verfassung wie auch die Menschenwürde sind durch die sogenannte „Ewigkeitsklausel" unabänderlich und garantieren somit eine absolute Bindung an den Grundgedanken der Verfassung.

Die Innere Führung

Das Grundgesetz sichert mit Artikel 1 jedem Menschen die unabdingbare Menschenwürde zu. Diese Achtung des Menschen und seiner Würde gilt auch für alle Soldaten der Bundeswehr als verbindliche Vorgabe. Das bedeutet, dass du als Soldat die gleichen Grundrechte besitzt wie jeder andere Bürger der Bundesrepublik Deutschland.

Das Konzept der Inneren Führung existiert offiziell seit 1953 und ist somit älter als die 1955 gegründete Bundeswehr der Bundesrepublik Deutschland. Die Innere Führung beruht im Großen und Ganzen auf dem Einklang der Grundrechte mit den Prinzipien von Befehl und Gehorsam und dem „Staatsbürger in Uniform".

Grundsätze der Inneren Führung

- **Primat der Politik:** Das Primat der Politik bedeutet, dass die Bundeswehr eine Parlamentsarmee ist. Folglich ist der Inhaber der Befehls- und Kommandogewalt (IBuK) der Verteidigungsminister beziehungsweise im Verteidigungsfall die Bundeskanzlerin. Alle Einsätze der Bundeswehr müssen durch den Bundestag mandatiert und somit abgesegnet werden, folglich ist die Bundeswehr ein Instrument des Bundestags und somit untrennbar an die Bedürfnisse Deutschlands geknüpft.
- **Bindung an Recht und Gesetz:** Die Bundeswehr und alle ihre Angehörigen sind an die in Deutschland geltenden Gesetze gebunden und werden bei Verstößen gegen diese Gesetze ebenso zur Rechenschaft gezogen wie jeder andere Staatsbürger. In diesem Zuge verzichtet die Bundeswehr auch auf eine eigene Gerichtsbarkeit. Folglich gibt es zwar Truppendienstgerichte, jedoch beschränkt sich deren Rechtsprechung ausschließlich auf dienstliche Disziplinarmaßnahmen, während strafrechtliche Belange vor zivilen Gerichten ausgetragen werden.
- **Begrenzung der Befehlsbefugnis und Mitverantwortung bei Gehorsam:** Das Prinzip von Befehl und Gehorsam ist unerlässlich für die Bundeswehr. Kein Auftrag kann ausgeführt werden, wenn ständig über jede Entscheidung diskutiert wird und man zu keinem Konsens kommt. Allerdings ist dein Vorgesetzter in seiner Befehlsgebung begrenzt, er darf und kann dir gar nicht alles befehlen. Darüber hinaus kann es sein, dass ein Befehl unter Umständen sogar beschwerdefähig ist oder dass du ihn gar nicht ausführen darfst. Dazu aber später mehr im Kapitel „Der Befehl".
- **„Führen durch Auftrag":** Das „Führen durch Auftrag" mag zunächst etwas trivial klingen, jedoch stellt es eine große Errungenschaft für die Bundeswehr und die Innere Führung dar. So

räumt es dir als Befehlsempfänger die Möglichkeit ein, deinen Auftrag auszuwerten, deine wesentliche Leistung herauszuarbeiten und selbst zu entscheiden, auf welchem „Weg“ du dein Ziel erreichst. Das eröffnet dir als Befehlsempfänger die Freiheit, dich selbst einzubringen und deine Fähigkeiten bestmöglich zur Entfaltung zu bringen.

Der Staatsbürger in Uniform

Der Begriff des „Staatsbürgers in Uniform“ ist schon so alt wie die Bundeswehr selbst. Er wurde erstmals 1952 durch den Wehrberater Friedrich Beermann geprägt und durch das Bundesministerium der Verteidigung übernommen. Der Staatsbürger in Uniform ist, wie du bereits im vorigen Abschnitt über Innere Führung gelernt hast, ein Grundsatz der Inneren Führung. Du bist als Soldat und damit als Angehöriger der Bundeswehr sowohl Teil der Streitkräfte Deutschlands als auch Teil der Gesellschaft dieses Landes.

Jeder Soldat ist ein Staatsbürger in Uniform. Was ist daran so besonders? Zu Zeiten des Zweiten Weltkriegs war ein Soldat der Wehrmacht ein blinder Befehlsempfänger, der seinen Diensteid direkt auf den damaligen Inhaber der Befehls- und Kommandogewalt und obersten Führer des Deutschen Reiches Adolf Hitler schwören musste. Das beinhaltete den bedingungslosen Kampf nach der Maßgabe eines einzigen Menschen, ungeachtet moralischer Einwände.

Das Prinzip des Staatsbürgers in Uniform sichert dir zu, deinen Diensteid beim Feierlichen Gelöbnis nicht auf eine Person zu leisten, sondern auf die Verfassung Deutschlands und die freiheitliche demokratische Grundordnung. Außerdem besitzt du die gleichen Grundrechte wie jeder andere Bundesbürger – mit einigen Ausnahmen.

Um eine Auftragserfüllung sicherzustellen, müssen bestimmte Grundrechte eines Soldaten eingeschränkt werden. Diese Einschränkungen sind im Artikel 17a des Grundgesetzes klar festgelegt und umfassen:

- Artikel 5 GG: freie Meinungsäußerung (z.B. Leserbriefe)
- Artikel 8 GG: Versammlungsfreiheit (z.B. Demonstrationen)
- Artikel 17 GG: Petitionsrecht (z.B. Briefe an Politiker)

Neben den oben genannten können auch andere Grundrechte eingeschränkt werden. Hier eine kurze Erläuterung anhand von zwei Beispielen:

1. Einschränkung deines Grundrechts auf körperliche Unversehrtheit (Art. 2 GG): Als Zivilist kannst du frei entscheiden, ob du dich gegen bestimmte Krankheiten impfen lassen möchtest oder nicht. Wohingegen du als Soldat in Länder und Gebiete in der ganzen Welt geschickt werden kannst, in denen es Krankheiten gibt, vor deren Schutz es einer Impfung bedarf.

Nun muss die Bundeswehr dich zum einen aus Fürsorgegründen vor diesen Krankheiten schützen, zum anderen sollst du deinen Auftrag in diesen Ländern ausführen können, ohne durch Krankheit auszufallen. Folglich ist es unumgänglich, dass dein Recht auf körperliche Unversehrtheit eingeschränkt wird und du eine Duldungspflicht für Impfungen hinnehmen musst – du musst dich also auf Befehl impfen lassen.

2. Einschränkung deines Grundrechts auf Freizügigkeit (Art. 11 GG): Das Grundrecht auf Freizügigkeit bedeutet, dass du dich frei in der Bundesrepublik Deutschland bewegen darfst und zu jedem Zeitpunkt an einem beliebigen Ort sein darfst, vorausgesetzt du beeinträchtigst kein Recht eines anderen.

Die Bundeswehr als deutsches Militär ist jedoch nur handlungsfähig und in der Lage, seine Aufträge wahrzunehmen, wenn jedem Soldaten befohlen werden kann, wo er sich aufzuhalten hat. Folglich wird dieses Grundrecht eingeschränkt und es wird der Bundeswehr ermöglicht, dir vorzuschreiben (zu befehlen!), wo und wann du dich beispielsweise zu Beginn deiner Grundausbildung oder eines Lehrgangs zu melden hast oder gar, wann du in das Flugzeug steigst, das dich in den Einsatz fliegt.

Im folgenden Schaubild erkennst du das Prinzip des Staatsbürgers in Uniform:

Quelle: Freepik, www.flaticon.com

Der Bundestag

Was ist der Bundestag?

Der Bundestag, auch Parlament genannt, ist die Vertretung aller wahlberechtigten Bundesbürger in ganz Deutschland. Der Bundestag sitzt im Reichstagsgebäude in Berlin und besteht im Normalfall aus 598 Mitgliedern. Diese Abgeordneten werden alle vier Jahre gewählt und sind in ihrer Gesamtheit als Bundestag für folgende Aufgaben zuständig:

- Beratung und Beschluss von Bundesgesetzen mit Beteiligung des Bundesrates
- Kontrolle der Arbeit der Bundesregierung
- Kontrolle und Beschluss des Bundeshaushalts
- Einsetzen von Untersuchungsausschüssen
- Wahl des Bundeskanzlers und gegebenenfalls auch konstruktives Misstrauensvotum gegen den Bundeskanzler

- Wahl der Hälfte der Bundesverfassungsrichter
- Beteiligung an der Wahl des Bundespräsidenten

Was ist eine Partei?

Da ein Politiker allein nicht genug Gewicht mit seiner Stimme hat, um etwas zu verändern, schließt er sich mit anderen Politikern mit derselben Ansicht zusammen und gründet eine politische Partei. Diese Partei betreibt Wahlkampf und überzeugt die Wähler von ihrer politischen Absicht, um bei der Wahl ihre Stimme zu bekommen.

Wie ist der Bundestag aufgebaut?

Am Ende der Wahl ziehen alle Parteien ins Parlament ein, die mehr als fünf Prozent der Wählerstimmen bekommen haben („Fünf-Prozent-Hürde"). Somit ist sichergestellt, dass nur Interessen und Themen im Bundestag diskutiert werden, die von genug Menschen in Deutschland als wichtig erachtet werden.

Alle Parteien, die die Fünf-Prozent-Hürde überwunden haben, erhalten beim Einzug in den Bundestag eine bestimmte Anzahl an Sitzen im Bundestag. Diese Anzahl richtet sich nach den Direktmandaten und der prozentualen Menge an Stimmen der jeweiligen Partei. Eine Partei bekommt ein Direktmandat, wenn ein Kandidat selbst (eine bestimmte Person) genug Stimmen bekommen hat und somit direkt in den Bundestag einziehen darf. Die übrigen Plätze einer Partei werden anhand der prozentualen Stärke ihrer Partei im Vergleich zu den restlichen Parteien vergeben.

Aus den Parteien im Bundestag setzen sich die Bundesregierung und die Opposition zusammen. Die Bundesregierung kann in einer Alleinregierung aus einer einzigen Partei bestehen, wobei diese Partei dafür eine absolute Mehrheit, sprich 51 % aller Stimmen des Wahlgangs braucht. Ebenso kann die Regierung auch aus einer Koalition bestehen. Hier schließen sich mehrere Parteien zusammen und erreichen somit die erforderlichen 51% aller Stimmen des Wahlgangs. Die Opposition wird durch alle übrigen Parteien gestellt, die nicht in der Regierung vertreten sind.

Was ist die Aufgabe der Bundesregierung und der Opposition?

Die Bundesregierung stellt den Bundeskanzler. Dieser bestimmt das Bundeskabinett, sprich alle Minister. Folglich gibt der Bundeskanzler seinen

Ministern die politische „Marschroute" vor, nach der Deutschland politisch geführt werden soll. Die Regierung hat das sogenannte „Initiativrecht", das ihr erlaubt, neue Gesetze auf den Weg zu bringen.

Die Opposition verfolgt in der Regel andere politische Ziele und ist folglich gegen die Absicht und Arbeit der Bundesregierung. Das führt zu Diskussionen und möglicherweise zu einer Änderung des Gesetzes oder gar einer Ablehnung durch den gesamten Bundestag oder Bundesrat, wenn es zu einer Abstimmung kommt. Die Opposition arbeitet also gegen die Regierung und kontrolliert diese somit. Zusätzlich kann die Opposition über den Bundestag auch eigene Gesetzesentwürfe einbringen.

Der Bundesrat

Was ist der Bundesrat?

Der Bundesrat ist neben dem Bundestag und der Bundesregierung eine weitere Instanz, die in die Gesetzgebung mit einwirken kann. Im Bundesrat sitzen die Regierungen aller 16 deutschen Bundesländer. Das beinhaltet, die Ministerpräsidenten der Bundesländer und ihre Landesminister. Das Amt des Bundesratsvorsitzenden bekleidet immer der Ministerpräsident eines der Bundesländer. Dieser beruft die Plenarsitzungen des Bundesrates ein und vertritt bei Bedarf den Bundespräsidenten.

Welche Aufgaben hat der Bundesrat?

Aufgabe des Bundesrates ist die Einflussnahme auf die Gesetzgebung des Bundes. Dazu kann der Bundesrat:

- seine Meinung zu Gesetzesentwürfen der Regierung sagen
- eigene Initiativen einbringen
- abschließend über alle Gesetzesentwürfe des Bundestags beraten und genehmigen, ändern oder ablehnen.

Der Bundesrat entscheidet somit über Gesetzesentwürfe, bestehende Gesetze sowie Verordnungen und Initiativen.

Bei welchen Gesetzen kann der Bundesrat mitentscheiden?
Man unterscheidet zwischen Einspruchsgesetzen und zustimmungsbedürftigen Gesetzen. Wie der Name schon sagt, unterscheiden sich diese Gesetze dadurch, dass zustimmungsbedürftige Gesetze nur zustande kommen, wenn eine Mehrheit im Bundesrat ausdrücklich dafür ist. Ein Einspruchsgesetz kann also auch ohne die Zustimmung des Bundesrates in Kraft treten.

Das BMVg

Das Bundesministerium der Verteidigung, kurz BMVg, hat zwei Dienstsitze. Der erste befindet sich in Bonn auf der Hardthöhe, der zweite im Bendlerblock in Berlin. Aufgrund der Lage in Berlin mit der Nähe zum Bundestag beziehungsweise dem politischen Geschehen ist der Bendlerblock in Berlin jedoch der inoffizielle Hauptdienstsitz des BMVg.

Das Verteidigungsministerium ist die höchste militärische Kommandobehörde und oberste Dienstbehörde der Bundeswehrverwaltung. Geführt durch den Bundesminister der Verteidigung sitzt hier somit auch der Inhaber der Befehls- und Kommandogewalt (IBuK) der Bundeswehr.

Der Verteidigungsminister wird bei seinen täglichen Dienstgeschäften durch zwei beamtete und zwei parlamentarische Staatssekretäre unterstützt. In militärischen Fragen berät den Verteidigungsminister der Generalinspekteur der Bundeswehr. Das BMVg ist in folgende Abteilungen gegliedert:

- Politik
- Planung
- Führung Streitkräfte
- Strategie und Einsatz
- Ausrüstung
- Cyber- und Informationstechnik
- Haushalt und Controlling
- Recht
- Personal
- Infrastruktur, Umweltschutz und Dienstleistungen
- Stab für Organisation und Revision

Der Wehrbeauftragte

Der Wehrbeauftragte des Deutschen Bundestags arbeitet, wie der Name schon erahnen lässt, im Bundestag in Berlin. Das Amt des Wehrbeauftragten wurde 1956 sehr zeitnah nach Gründung der Bundeswehr geschaffen. Der Wehrbeauftragte ist ein wichtiges Hilfsorgan für sowohl den Bundestag als auch alle Soldaten. Der Bundestag selbst wählt ihn für fünf Jahre in sein Amt, wobei er weder Beamter noch Abgeordneter des Bundestags ist. Zu den Aufgaben des Wehrbeauftragten zählen:

- der Schutz der Grundrechte aller Soldaten
- die Überwachung der Einhaltung der Grundsätze der Inneren Führung
- die Unterstützung der parlamentarischen Kontrolle der Streitkräfte
- die Erstellung und Vorstellung des jährlichen Berichts des Wehrbeauftragten

Um diese Aufgaben wahrnehmen zu können verfügt der Wehrbeauftragte über einige einzigartige Befugnisse. Diese sind:

- das Auskunftsrecht gegenüber dem gesamten BMVg und dem Verteidigungsminister
- das Recht auf Akteneinsicht in sämtliche dienstliche Vorgänge
- das Recht, alle Truppen jederzeit, überall und unangemeldet zu besuchen
- das Recht, allen strafgerichtlichen und disziplinargerichtlichen Verhandlungen beizuwohnen.

Viel Theorie, aber warum ist der Wehrbeauftragte für dich als Soldat so wichtig? Wie du bereits im Unterkapitel „Der Staatsbürger in Uniform" gelernt hast, sind deine Grundrechte als Soldat teilweise eingeschränkt. Das gilt auch für dein Petitionsrecht nach Artikel 17 des Grundgesetzes. Gemäß dieser Einschränkung ist es dir untersagt, offene Briefe an Politiker beziehungsweise den Bundestag zu schreiben.

Da der Wehrbeauftragte aber kein Mitglied des Bundestags ist, kannst du dich bei massiven Problemen mit einem Brief direkt an ihn wenden. Somit bist du nicht gezwungen, den Dienstweg einzuhalten, was bedeuten würde, du müsstest dich an deinen Vorgesetzten wenden und dieser müsste deinen Sachverhalt weiter in der Hierarchie nach oben melden, sollte er das Problem nicht lösen können.

Aber bedenke: Eine Eingabe an den Wehrbeauftragten ist die größte und stärkste Waffe eines unterdrückten und benachteiligten Soldaten. Jeder Vorgesetzte ist zur Fürsorge seiner Soldaten verpflichtet. In der Regel ist dein Disziplinarvorgesetzter, sprich dein Chef, in der Lage, alle deine Probleme zu lösen und im Streitfall angemessen zu schlichten. Eine Eingabe an den Wehrbeauftragten ist die letzte Lösung, die du in Betracht ziehen solltest, um deiner Zwangslage Herr zu werden.

Das Soldatengesetz

Das Soldatengesetz umfasst die Grundlage und Grenzen allen soldatischen Handelns auf der Basis unseres Grundgesetzes. Es begründet die Einschränkung deiner Grundrechte als Soldat, legt alle Rahmenbedingungen für die Dienstverhältnisse von Soldaten auf Zeit und Berufssoldaten fest und regelt deine Rechte und Pflichten als Soldat.

Das Soldatengesetz ist sehr umfangreich. Natürlich sind alle Inhalte davon früher oder später wichtig für dich. Die wichtigsten Paragrafen sind aber zweifelsohne die über deine Pflichten und Rechte als Soldat der Bundeswehr. Daher habe ich dir die sieben wichtigsten Abschnitte kurz und bündig zusammengefasst. Diese sind:

- § 7 SG: Grundpflichten des Soldaten
- § 8 SG: Eintreten für die demokratische Grundordnung
- § 11 SG: Gehorsam
- § 12 SG: Kameradschaft
- § 13 SG: Wahrheit
- § 14 SG: Verschwiegenheit
- § 17 SG: Verhalten in und außer Dienst

§ 7 Grundpflichten des Soldaten

Die Grundpflicht des Soldaten ist, der Bundesrepublik Deutschland treu zu dienen und das Recht und die Freiheit des deutschen Volkes tapfer zu verteidigen. Dies umfasst insgesamt **vier Kernpflichten**:

1. Pflicht zum treuen Dienen
2. Pflicht zu loyalem Verhalten
3. Pflicht zur Wahrung des Vermögens des Bundes
4. Pflicht zur Tapferkeit

Pflicht zum treuen Dienen
Diese Pflicht umfasst das Dienstleisten an sich. Es bedeutet, dass du im befohlenen Anzug zur befohlenen Zeit am befohlenen Ort deinen Dienst verrichtest und nicht ohne Entschuldigung dem Dienst fernbleibst. Außerdem befolgst du Anordnungen, Weisungen und Befehle von Vorgesetzten.

Pflicht zu loyalem Verhalten
Diese Pflicht gilt gegenüber dem Staat, dessen Organen und der geltenden Rechtsordnung. Für dich heißt das, dass du die deutschen Strafgesetze achtest und dich an diese hältst.

Pflicht zur Wahrung des Vermögens des Bundes
Diese Pflicht begrenzt dich in der Nutzung dienstlicher Mittel und zwingt dich zu einem pfleglichen Umgang mit dir anvertrautem Material sowie Fahrzeugen und Waffen.

Pflicht zur Tapferkeit
Die Tapferkeitspflicht bedeutet für dich, bei der Landesverteidigung, Bündnisverteidigung oder im Auslandseinsatz tapfer deinen Auftrag auszuführen. Furcht entbindet dich dabei nicht von deiner Pflicht zur Auftragserfüllung.

§ 8 Eintreten für die demokratische Grundordnung

Die freiheitliche demokratische Grundordnung ist, wie du bereits weißt, das Konstrukt unserer Demokratie und damit unseres Wertesystems. Eine Bindung aller Soldaten an sie ist also nur logisch und zeigt nochmals, dass die Bundeswehr der Verfassung untersteht.

Dieser Paragraf verpflichtet dich folglich, das Grundgesetz anzuerkennen und gleichzeitig eine eigene Meinung zu haben. Deine eigene Meinung wird erst dann zur Pflichtverletzung, wenn sie extremistisch, antisemitisch, ausländerfeindlich oder in einer anderen Art gegen die FDGO verstößt und du sie gegenüber anderen Soldaten öffentlich verbreitest oder die Verbreitung duldest.

Für dich ist folgendes Verhalten verboten:

- antisemitische Äußerungen
- Leugnen des Holocaust
- Hitler-Gruß
- Erstellen/Verbreiten von verfassungsfeindlichem Propagandamaterial
- Mitgliedschaft in einer verfassungsfeindlichen Organisation

§ 11 Gehorsam

In den deutschen Streitkräften ist in diesem Zusammenhang immer von „mitdenkendem Gehorsam" die Rede. Man will keinen blinden Befehlsempfänger, sondern einen Soldaten, der mit beiden Beinen auf dem Boden der Verfassung stehen.

Die Gehorsamspflicht besteht gegenüber Vorgesetzten nur bei verbindlichen Befehlen – dazu mehr im Kapitel „Der Befehl". Daraus folgt für dich, dass du Gebote befolgen und Verbote beachten sollst.

Wie gehst du also vor, wenn du bereits einen Auftrag hast und ein anderer Vorgesetzter dir einen neuen Befehl erteilt? Grundsätzlich gilt für dich immer der letzte Befehl. Auf der sicheren Seite bist du also, wenn du den Vorgesetzten, der dir den neuen Befehl erteilt, darauf hinweist, dass du bereits einen Befehl erhalten hast und diesen gerade befolgst. Dieser entscheidet nun, ob der neue Befehl wichtiger ist und ist bei Erteilung des neuen Befehls auch verantwortlich für die eventuelle Nichterfüllung des ersten Befehls.

Merke dir einfach immer folgendes „Motto": **Melden befreit dich und belastet den Vorgesetzten.**

§ 12 Kameradschaft

Die Kameradschaft ist die essenzielle Basis der militärischen Gemeinschaft und umfasst die Pflicht aller Soldaten, füreinander einzustehen und alles zu tun, um das gegenseitige Vertrauen nicht zu verspielen. Die Kameradschaft beruht auf der Achtungspflicht, der Toleranzpflicht und der Beistandspflicht.

Die **Achtungspflicht** bedeutet, das Leben und das Eigentum des Kameraden zu achten und in diese nicht einzugreifen. Die Achtung des Eigentums bedeutet, sich nicht an fremdem Material zu vergreifen und Diebstahl zu unterlassen. Das Leben des Kameraden zu achten bedeutet mitunter, nicht in die Ehe des Kameraden einzugreifen.

Die **Toleranzpflicht** bedeutet, die Persönlichkeit des Kameraden zu akzeptieren. Dies schließt auch religiöse Gepflogenheiten wie regelmäßiges Beten oder bestimmtes Essverhalten mit ein.

Die **Beistandspflicht** verpflichtet jeden Soldaten zur Unterstützung des Kameraden in einer Not- oder Gefahrenlage. Gerade in einer solchen Situation im Auslandseinsatz spielt diese Pflicht eine besonders tragende Rolle und zwingt alle Soldaten zum Zusammenhalt in einer Extremsituation.

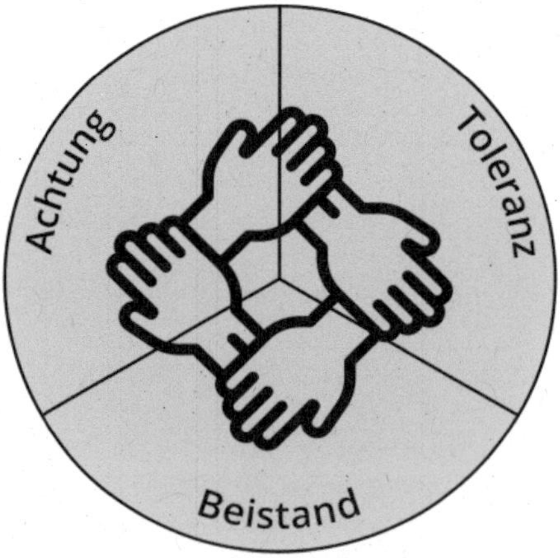

Quelle: DinosoftLabs, www.flaticon.com

§ 13 Wahrheit

Du bist als Soldat in dienstlichen Angelegenheiten zur Wahrheit verpflichtet. Diese Wahrheitspflicht gilt für Angaben in Anträgen jeglicher Art, Eintragungen in amtliche Dokumente oder Bücher wie Schießkladden oder Schießbücher sowie alle Formen von beantragten Personalmaßnahmen.

Darüber hinaus ist auch die „Bekundung von Tatsache“ deine Pflicht. Dies bedeutet, dass du eigenständig handelst und bestimmte Vorkommnisse aus eigenem Antrieb meldest, beispielsweise eine Änderung deiner persönlichen Verhältnisse (Heirat), Verlust deines Führerscheins oder die Eröffnung eines zivilen Strafverfahrens gegen dich.

§ 14 Verschwiegenheit

Die Verschwiegenheitspflicht des Soldaten soll den Schutz des Staates und des einzelnen Soldaten sicherstellen. Was bedeutet das für dich? Dir als Soldat ist es verboten, Inhalte dienstlicher Vorgänge in der Öffentlichkeit zu verbreiten. Das gilt auch für Gespräche mit deinen Angehörigen. Außerdem gilt die Verschwiegenheitspflicht auch nach deinem Ausscheiden aus der Bundeswehr.

Schön und gut, Dokumente sind vertraulich zu behandeln und in Liegenschaften ist das Film- und Fotografierverbot zu beachten. Aber was machst du mit deinem Smartphone? Darfst du Bilder von dir in Uniform ins Netz stellen? Und noch viel wichtiger: Darf man deinen Dienstgrad oder gar Waffen auf den Bildern sehen?

Hierzu hat die Bundeswehr eine eigene „Social-Media-Guideline“, sprich Richtlinie für Soldaten im Umgang mit sozialen Medien herausgegeben, welche diese Fragen klar und deutlich beantwortet. Ich fasse sie kompakt für dich zusammen.

Was ist erlaubt?
Erlaubt sind Fotos in der Öffentlichkeit von dir und oder Kameraden in sozialen Netzwerken wie Instagram und Facebook – vorausgesetzt jeder auf dem Foto ist damit einverstanden! Auf diesen Fotos dürfen Namen,

Dienstgrade und auch Waffen zu sehen sein – kein spielerischer Umgang mit Waffen!

Was ist verboten?
Bei Waffensystemen wie Gefechtsfahrzeugen oder sensibleren Systemen für beispielsweise Funk dürfen Bilder vom Äußeren des Systems gepostet werden. Bleibe aber mit der Kamera auch außerhalb und fotografiere keine Systeme im Inneren. Diese sind in der Regel nicht so bekannt wie die äußere Erscheinung des Fahrzeugs und gehen daher niemanden außerhalb der Bundeswehr etwas an.

Beispiel
Du bist auf einem Kampfpanzer eingesetzt und übst mit deiner Truppe auf einem Übungsplatz. Fotos vom Äußeren des Panzers sind erlaubt, Fotos von der Funkausstattung oder den Zielsystemen im Inneren sind verboten!

Darüber hinaus gelten auf Truppenübungsplätzen und in militärischen Liegenschaften in der Regel Film- und Fotografierverbote oder sonstige Bestimmungen. Wende dich, bevor du Fotos schießt und diese in sozialen Medien postest, zuerst an deinen Vorgesetzten.

§ 17 Verhalten in und außer Dienst

Der Name dieses Buches deutet bereits auf die Tragweite des Soldatenberufs hin. Dieser Beruf betrifft dich im Dienst sowie außerhalb des Dienstes. Deshalb schreibt dir dieser Paragraf auch dein Verhalten in und außer Dienst vor.

Zuerst einmal bist du zur Wahrung der Disziplin gegenüber deinem Vorgesetzten verpflichtet. Dies setzt deine Einordnung in die militärische Hierarchie und die Achtung deines Vorgesetzten voraus – unabhängig von deiner persönlichen Meinung oder Abneigung gegenüber diesem. Ferner unterliegst du einer Wohlverhaltenspflicht, diese gilt

- **im Dienst überall**, sprich innerhalb und außerhalb militärischer Bereiche/militärischer Sicherheitsbereiche (MB/MSB),
- **außer Dienst** innerhalb militärischer Bereiche/militärischer Sicherheitsbereiche (MB/MSB) und
- **außer Dienst** außerhalb militärischer Bereiche/militärischer Sicherheitsbereiche (MB/MSB) in Bezug auf **Straftaten**.

Speziell außerhalb von militärischen Liegenschaften ist dieses Wohlverhalten wichtig, da du in Uniform stets Blicke auf dich ziehst - ob du willst oder nicht.

Eine Schädigung des Ansehens der Bundeswehr ist zwar erst ab einem höheren Dienstgrad möglich (Oberstleutnant und höher), jedoch kann bei falschem Verhalten in der Öffentlichkeit auch auf dich ein Disziplinarverfahren zukommen. Häufige Vergehen sind Trunkenheitsfahrten, unerlaubtes Entfernen vom Unfallort (Fahrerflucht), Belästigung oder ein zu freizügiges Verhalten im Internet oder in sozialen Medien.

Abschließend schreibt dir das Soldatengesetz mit dem Paragrafen 17 auch den Erhalt deiner Gesundheit und schnellstmögliche Erholung bei Krankheit vor.

Teilstreitkräfte und Organisationsbereiche

Du kennst bereits das BMVg aus dem entsprechenden Kapitel. Dieses steht als oberste Kommandobehörde mit der Leitung der Streitkräfte an der Spitze der militärischen Hierarchie. Ihm untergeordnet stehen die

Teilstreitkräfte	**Organisationsbereiche**
• Heer • Luftwaffe • Marine	• Streitkräftebasis • zentraler Sanitätsdienst • Cyber- und Informationsraum

Ich beschreibe dir im Folgenden die einzelnen Teilstreitkräfte und Organisationsbereiche anhand genereller Informationen, des Auftrags und der vertretenen Truppengattungen.

Heer

Das Heer ist die größte Teilstreitkraft der Bundeswehr und umfasst den Großteil der Landstreitkräfte. Die Einsätze des Heeres umfassen landgebundene sowie luftbewegliche beziehungsweise luftmechanische Operationen, diese spiegeln sich im Auftrag wider.

Auftrag
Das Heer ist – wie die anderen Teilstreitkräfte – für die Verteidigung der deutschen Landesgrenzen und die Unterstützung deutscher Bündnispartner zuständig. Ferner unterstützt die Bundeswehr im Schwerpunkt mit dem Heer bei Naturkatastrophen oder humanitären Krisen im In- und Ausland. Die wohl bekannteste Aufgabe ist jedoch die Beteiligung bei internationaler Krisenverhütung, Krisenbewältigung oder Stabilisierungsoperationen.

Truppengattungen

- Infanterie (Jäger, Gebirgsjäger und Fallschirmjäger)
- Panzertruppe (Panzer und Panzergrenadiere)
- Pioniertruppe
- Heeresaufklärungstruppe (Aufklärer, Fernspäher, Feldnachrichten)
- Artillerietruppe
- Heereslogistiktruppe (Instandsetzung/Instandhaltung und Nachschub)
- Heeresflieger
- Spezialkräfte
- Fernmeldetruppe des Heeres
- Sanitätsdienst des Heeres

Luftwaffe

Die Luftwaffe umfasst als Teilstreitkraft den Großteil der Luftstreitkräfte. Die Einsätze sind auf das Kerngeschäft, den fliegerischen Dienst, ausgerichtet und spiegeln sich im Auftrag der Luftwaffe wider.

Auftrag

Der Kernauftrag der Luftwaffe ist der Schutz und die Überwachung des deutschen Luftraums mittels reaktionsfähiger Jagdflugzeugverbände, geführt durch Radarflug- und Leitzentralen. Darüber hinaus stellt die Luftwaffe mittels Lufttransportverbänden die Rettung, Hilfe oder Evakuierung im In- und Ausland sicher. Im Auslandseinsatz leistet die Luftwaffe militärische Einsatz- und Kampfunterstützung für Heer und Marine und bekämpft strategisch bedeutsame Ziel aus der Luft.

Truppengattungen/Dienstbereiche

- fliegerischer Dienst (Lufttransportgeschwader, taktische Luftwaffengeschwader und Flugbereitschaft des BMVg)
- Flugabwehrraketendienst
- Objektschutz der Luftwaffe (Luftwaffensicherer sowie Logistik, Brandschutz und Pionierwesen der Luftwaffe)
- Führungsdienst der Luftwaffe
- technischer Dienst der Luftwaffe

Marine

Die Marine ist die kleinste der drei Teilstreitkräfte und umfasst den Großteil der seegebundenen Streitkräfte. Im Gegensatz zu Heer, Luftwaffe und den drei Organisationsbereichen ist die Marine aufgrund der geografischen Nähe zu Nord- und Ostsee natürlich nur im norddeutschen Raum stationiert. Die Bindung an den maritimen Einsatzraum spiegelt sich auch im Auftrag der Marine wider.

Auftrag

Genau wie die anderen Teilstreitkräfte und Organisationsbereiche ist der Schutz der deutschen Landesgrenzen der Kernauftrag der Marine. Als Marine ist dieser Auftrag auf die Küstengebiete und zu Deutschland gehörigen Seewege gerichtet. Darüber hinaus ist Aufklärung und der Transport von Truppen und Material über den Seeweg besonders hilfreich bei der Auftragserfüllung der gesamten Bundeswehr. Im Auslandseinsatz beinhaltet der Auftrag meistens die Kontrolle gefährdetet Seewege sowie ganzer Seegebiete oder humanitäre Hilfe.

Truppengattungen

Die Teilstreitkraft Marine hat keine klar abgrenzbaren Truppengattungen, da aufgrund der wenigen Standorte und des Einsatzes auf Schiffen und Booten die verschiedenen Fachbereiche ohnehin eng beieinander stationiert und eingesetzt sind.

Es ist einleuchtend, dass auf einem Schiff neben der Führung nicht nur der Bediener der Bordwaffen eingesetzt ist, sondern ebenso der Versorger (Logistik), IT-Spezialist, Sonar-Fachmann, Marine-Sicherer für die Anlandung an Land oder Boardingteams für die Kontrolle anderer Schiffe oder Boote.

Streitkräftebasis

Die Streitkräftebasis ist nach dem Heer die zweitgrößte Teilstreitkraft beziehungsweise Organisationsbereich. Sie leistet wichtige Unterstützung für die Teilstreitkräfte Heer, Luftwaffe und Marine. Die Streitkräftebasis deckt Schlüsselpositionen zwischen Heer, Luftwaffe und Marine ab und ist somit ein wichtiges Bindeglied für die Erfüllung des Gesamtauftrags der Bundeswehr.

Auftrag
Der bereits erwähnte erste Auftrag ist die logistische Versorgung aller Teilstreitkräfte/Organisationsbereiche mit wichtigem Material, Kraftstoff, Munition, Ersatzteilen und gegebenenfalls Unterkünften im Inland sowie im Auslandseinsatz. Darüber hinaus wird im Auslandseinsatz der Bau des kompletten Feldlagers durch Spezialpioniere gestemmt und ein autarker Betrieb des Zeltlagers in Zusammenarbeit mit dem Brandschutz der Bundeswehr sichergestellt. Im Inland ist die Streitkräftebasis verantwortlich für Rüstungskontrollen und die zivil-militärische Zusammenarbeit im Falle einer Naturkatastrophe im Inneren.

Die Repräsentation der Bundeswehr in der Öffentlichkeit wird durch Musikkorps der Bundeswehr und das Wachbataillon sichergestellt. Militärpolizeiliche Aufgaben werden durch Feldjäger wahrgenommen.

Truppengattungen

- Logistiktruppe
- Spezial-Pioniere
- ABC-Abwehr
- Feldjäger
- Wachbataillon (protokollarischer Dienst)
- Musikkorps
- Spitzensportler

Zentraler Sanitätsdienst

Der zentrale Sanitätsdienst der Bundeswehr stellt die Sanitätsversorgung für alle Soldaten der Bundeswehr im In- und Ausland sicher. Im Fall einer Verletzung oder Verwundung bedeutet dies, dass die Versorgung die gleiche Ergebnisqualität aufweist wie die eines Zivilisten in einem zivilen Krankenhaus. Der zentrale Sanitätsdienst betreut flächendeckend alle Soldaten, vergleichbar mit Hausärzten für Zivilisten. Ferner sind im zentralen Sanitätsdienst der Bundeswehr auch Zahnmediziner, Veterinäre, Lebensmittelchemiker und Forscher für Wehrmedizin und Pharmazie vertreten.

Auftrag

Der Auftrag des zentralen Sanitätsdienstes ist Schutz, Erhalt und Wiederherstellung der Gesundheit aller Soldaten der Bundeswehr und verbündeter Streitkräfte im In- und Ausland.

Gerade im Auslandseinsatz ist die Sicherstellung der Rettungskette besonders wichtig, da diese eine adäquate Versorgung verwundeter Soldaten und eine höhere Wahrscheinlichkeit der Genesung betroffener Soldaten ermöglicht. Ferner ist die Kontrolle von Wasser- und Lebensmittelqualität sowie die Sauberkeit von Sanitäranlagen im Ausland eine Aufgabe des zentralen Sanitätsdienstes.

Truppengattungen

Der Sanitätsdienst der Bundeswehr ist an sich gewissermaßen eine eigene Truppengattung und ist daher nicht in weitere Truppengattungen teilbar.

Cyber- und Informationsraum (CIR)

Der Organisationsbereich Cyber- und Informationsraum (CIR) ist der jüngste Teilbereich der Bundeswehr und wurde 2017 aufgestellt. Im Gegensatz zu Heer, Luftwaffe und Marine – die offensichtlich für Land, Luft und See zuständig sind – ist CIR für eine ganz neue Dimension des Kampfes eingerichtet worden. Der Cyber- und Informationsraum ist ein virtueller Raum mit dem Internet als Transport- und Verbindungsweg für Daten jeglicher Art, weltweit. Hackerangriffe nehmen in der jüngsten Vergangenheit immer weiter zu und richten bei mangelnder Sicherheitsvorkehrung großen Schaden an. Um dieser Gefahr Herr zu werden, ist CIR als Organisationsbereich mit einem wichtigen Auftrag betraut.

Auftrag

Auftrag der eingesetzten Kräfte im CIR ist der Schutz und Betrieb aller IT-Systeme der Bundeswehr. Die Sicherstellung der Cybersicherheit sowie der operativen Kommunikation sind Grundvoraussetzung für die Auftragserfüllung im Auslandseinsatz. Darüber hinaus sorgt der Geoinformationsdienst der Bundeswehr als Truppengattung des CIR für eine Versorgung aller Truppen mit möglichst aktuellem Kartenmaterial. Letztlich ist der Einsatz von Truppen nur möglich, wenn ein gesicherter Nachrichtenaustausch und somit Austausch von Informationen gewährleistet ist.

Truppengattungen

- Fernmeldetruppe
- Fernmeldetruppe für elektronischen Kampf (eloKA)
- Truppe für operative Kommunikation (OpKom)
- Geoinformationsdienst (GeoInfo)

Dienstgrade der Bundeswehr

Der Dienstgrad eines Soldaten sagt viel über den Soldaten aus, der ihn trägt. Zum einen über seine Dienstzeit, die Erfahrung oder seine Fähigkeiten, darüber hinaus aber auch über seine Position und dessen Befugnisse. Die Dienstgrade in der Bundeswehr sind in **drei Laufbahnen** gegliedert:

- die Laufbahn der Mannschaften
- die Laufbahn der Unteroffiziere
- die Laufbahn der Offiziere

Damit du gleich vorab schon einmal alle wichtigen Begriffe gehört hast, gliedere ich dir diese großen drei Laufbahnen noch weiter auf:

- die Laufbahn der Mannschaften
    - zusätzlich auch freiwillig Wehrdienstleistende
- die Laufbahnen der Unteroffiziere
    - Unteroffiziere ohne Portepee
    - Unteroffiziere mit Portepee (Feldwebel/Bootsleute)
- die Laufbahn der Offiziere
    - Leutnante
    - Hauptleute
    - Stabsoffiziere
    - Generale/Admirale

Soldaten, die die Laufbahn wechseln, werden Anwärter, bis sie die Befähigung für die angestrebte Dienstzeit erreicht haben. Folglich gibt es:

- Unteroffizier-Anwärter (UA)
- Feldwebel/Bootsmann-Anwärter (FA/BA)
- Offizier-Anwärter (OA)

Jetzt, da du die Laufbahnen kennst, gehen wir ins Detail und ich zeige dir alle Laufbahnen anhand der folgenden vier Kriterien:

1. vergleichbare Ebene im Beamtenrecht (Bsp. Polizei, da diese in der Regel geläufig sind)
2. Verpflichtungszeit
3. Tätigkeit in der Praxis
4. vertretene Dienstgrade

Mannschaften

Vergleichbare Ebene: Der Dienst als Mannschaftssoldat ist vergleichbar mit dem einfachen Dienst eines Beamten.

Verpflichtungszeit: Die Verpflichtungszeit für Mannschaftssoldaten beträgt mindestens vier Jahre und kann bis auf 25 Jahre ausgeweitet werden. Auch alle freiwillig Wehrdienstleistenden (FWDL) werden als Mannschaftssoldaten eingestellt und steigen in ihrer Zeit in der Mannschaftslaufbahn auf. Die Verpflichtungszeit für freiwillig Wehrdienstleistende ist frei wählbar von sieben bis 23 Monaten.

Tätigkeit in der Praxis
Die Mannschaften sind die Basis des Personals der Bundeswehr. Die Angaben sind unterschiedlich und hängen von der Truppengattung und der Verwendung in der jeweiligen Truppengattung ab.

In der kämpfenden Truppe ist der Mannschaftssoldat der klassische „Trooper" und wird an allen für ihn relevanten Waffensystemen ausgebildet. Er arbeitet in seinem Trupp und wird bei gesammelter Erfahrung Truppführer und gegebenenfalls stellvertretender Gruppenführer.

Abgesehen von Waffen und Waffensystemen werden Mannschaftssoldaten häufig zu Kraftfahrern für verschiedenste Fahrzeuge ausgebildet. Eine Verwendung als Fahrer eines Kampfpanzers, eines Schwerlast-Transporters, eines Transport-Lkws oder eines der vielen anderen Fahrzeuge ist möglich.

Außerhalb der Kampftruppe ist auch eine büroähnliche Verwendung möglich. Hier werden Mannschaftssoldaten zur Unterstützung des Kompaniefeldwebels oder des Materialbewirtschafters/Versorgers eingesetzt. Diese Tätigkeit ist in etwa mit der eines Verwaltungsangestellten oder mit der von Bürokaufleuten zu vergleichen.

Vertretenen Dienstgrade

- Rekrut
    - Heer: Schütze, Grenadier, Jäger oder Pionier
    - Luftwaffe: Flieger
    - Marine: Matrose

- Gefreiter
- Obergefreiter
- Hauptgefreiter
- Stabsgefreiter
- Oberstabsgefreiter

Unteroffiziere

Wie du bereits weißt, unterschiedet man in dieser Laufbahn zwischen Unteroffizieren mit und ohne Portepee. Bei Unteroffizieren mit Portepee spricht man beim Heer und der Luftwaffe von Feldwebeln, bei der Marine von Bootsleuten. Der Unterschied der beiden Laufbahnen liegt in der fachlichen Qualifikation. Unteroffiziere ohne Portepee sind Fach-Unteroffiziere, im zivilen mit einem Gesellen vergleichbar, wohingegen Unteroffiziere mit Portepee im zivilen als Meister zu verstehen sind.

Unteroffiziere ohne Portepee

Vergleichbare Ebene: Bei Beamten spricht man hier vom mittleren Dienst.

Verpflichtungszeit: Die Mindest-Verpflichtungszeit beträgt vier Jahre und kann, je nach Verwendung, verlängert werden.

Tätigkeit in der Praxis
Wie bereits oben beschrieben ist der Unteroffizier ohne Portepee ein Fach-Unteroffizier und ist daher im Schwerpunkt auf einen bestimmten Fachbereich beschränkt. Man unterscheidet hier zwischen den Fachbereichen „Allgemeiner Fachdienst", Sanitätsdienst und Militärmusik.

Beispiel
Ein Fach-Unteroffizier des Sanitätsdienstes wird im Laufe seiner Ausbildung zum Rettungssanitäter, medizinischen Fachangestellten oder anderen medizinischen Berufen ausgebildet. Das bedeutet, er besucht die nötigen Lehrgänge, die ihn auf seine künftigen Aufgaben vorbereiten und befähigen. Im Anschluss bildet er andere Soldaten in Sanitätsmaßnahmen aus, verwaltet das nötige Material und bleibt bei Bedarf neben der Bundeswehr im zivilen Rettungsdienst in Übung. Er ist somit – als

„Geselle“ – auf seinen Fachbereich beschränkt und in diesem umfassend ausgebildet.

Vertretene Dienstgrade

- Unteroffizier (Marine: Maat)
- Fahnenjunker (Marine: See-Kadett) (OA)
- Stabsunteroffizier (Marine: Obermaat)

Unteroffiziere mit Portepee – Feldwebel und Bootsleute

Vergleichbare Ebene: Bei Beamten spricht man hier auch vom mittleren Dienst.

Verpflichtungszeit: Die höhere Qualifikation als Meister am Ende der Ausbildung bringt eine längere Verpflichtung von mindestens zwölf Jahren mit sich.

Tätigkeit in der Praxis
Bei Feldwebeln (Marine: Bootsleute) unterscheidet man zuerst zwischen Truppendienst und Fachdienst. Im Truppendienst ist der Feldwebel/Bootsmann Führer, Ausbilder und Erzieher der ihm unterstellten Soldaten. Er ist eingesetzt als Gruppenführer, bei mehr Erfahrung auch als stellvertretender Zugführer.

Beispiele
Das beste Beispiel für einen Unteroffizier mit Portepee im Truppendienst ist dein Gruppenführer in der allgemeinen Grundausbildung. Er führt seine Gruppe in jeder Situation, bildet dich in allen wichtigen Tätigkeiten aus und erzieht die Gruppe in Hinsicht auf militärisch korrektes und kameradschaftliches Verhalten. Darüber hinaus vertritt der erfahrenste Gruppenführer des Zuges den Zugführer, wenn dieser verhindert ist.

Ein Beispiel für einen Unteroffizier mit Portepee im Fachdienst ist der Personalfeldwebel deiner Kompanie. Er ist nicht in die tägliche Ausbildung eingebunden, sondern ist für seinen Fachbereich verantwortlich. Er kümmert sich um Personalangelegenheiten und arbeitet dem Kompaniefeldwebel zu.

Hier eine besondere Gelegenheit in Punkto Karriere:
Im Laufe deiner Karriere ist auch ein Laufbahnwechsel in die Laufbahn der Offiziere möglich, als Offizier im militärischen Fachdienst (Offz mil FD). Dies bringt wiederum, ähnlich wie beim Fach-Unteroffizier, eine Spezialisierung auf ein bestimmtes Fachgebiet ohne Studium mit sich.

Vertretene Dienstgrade

- Feldwebel (Marine: Bootsmann)
- Fähnrich (Marine: Fähnrich zur See) (OA)
- Oberfeldwebel (Marine: Oberbootsmann)
- Hauptfeldwebel (Marine: Hauptbootsmann)
- Oberfähnrich (Marine: Oberfähnrich zur See) (OA)
- Stabsfeldwebel (Marine: Stabsbootsmann)
- Oberstabsfeldwebel (Marine: Oberstabsbootsmann)

Offiziere

Vergleichbare Ebene: Im Beamtenrecht spricht man hier vom gehobenen Dienst, bei Generalen/Admiralen vom „Hohen Dienst".

Verpflichtungszeit: Aufgrund des Studiums und der fachlich gewohnt hochwertigen Ausbildung beträgt die Verpflichtungszeit:

- in der Regel 13 Jahre
- als Pilot 16 Jahre
- als Arzt oder Apotheker oder Veterinär 17 Jahre

Grund hierfür sind schlichtweg die Gelder, die in das Studium und die Ausbildung zum militärischen Führer gesteckt werden. Diese sollen auch nach dem Studium und der Ausbildung für die Bundeswehr nutzbar sein.

Tätigkeit in der Praxis

Die Tätigkeit ist gerade in dieser Laufbahngruppe schwer einzugrenzen und richtet sich nach der Verwendung. Mit steigendem Dienstgrad steigt auch die Verantwortung, welche ein Offizier übernimmt. Nach den ersten grundbefähigenden Lehrgängen steigen Offiziere direkt in ihr Studium an einer der beiden Bundeswehruniversitäten in Hamburg oder München ein. Im Anschluss daran folgen einige Truppenpraktika und die erste Verwendung als Zugführer. Hier führen sie die Soldaten ihres Zuges (bis zu 60 Soldaten) und sind im Schwerpunkt mit administrativen Aufgaben betraut. Sie planen die Auftragsverteilung für ihre unterstellten Soldaten, schreiben Befehle, überwachen die zu erbringenden Leistungen der Soldaten und vieles mehr.

Die nächsthöhere Verwendung eines Offiziers ist die des Kompaniechefs. Hier ist der Offizier für eine gesamte Kompanie, sprich mehrere Züge, verantwortlich, führt diese und ist zunehmend nur noch mit administrativen Aufgaben betraut.

Als Offizier ist man oberster militärischer Führer in organisatorischer und fachlicher Hinsicht.

Vertretene Dienstgrade

- Leutnant (Marine: Leutnant zur See)
- Oberleutnant (Marine: Oberleutnant zur See)

- Hauptmann (Marine: Kapitänleutnant)
- Stabshauptmann (Marine: Stabskapitänleutnant)
- Major (Marine: Korvettenkapitän)
- Oberstleutnant (Marine: Fregattenkapitän)
- Oberst (Marine: Kapitän zur See)
- Brigadegeneral (Marine: Flottillenadmiral)
- Generalmajor (Marine: Konteradmiral)
- Generalleutnant (Marine: Vizeadmiral)
- General (Marine: Admiral)

Darstellung der Dienstgrade

Im folgenden Abschnitt findest du alle Dienstgrade der Bundeswehr anschaulich dargestellt. Auf jeder Seite ist das jeweilige Abzeichen des Heeres, der Luftwaffe und der Marine abgebildet. Die Marine- und Generalsdienstgrade sind heller dargestellt, da sie auf den Dienstgradschlaufen goldgelb sind. Mit auf der Übersicht ist darüber hinaus der dazugehörige NATO-Rangcode, welcher in Einsätzen zur leichteren Identifizierung von Dienstgraden führt.

Gefreiter

Abkürzung:	**Gefr**
Listenabkürzung:	**G**
NATO-Rangcode:	**OR-2**
Besoldungsgruppe:	**A3Z**

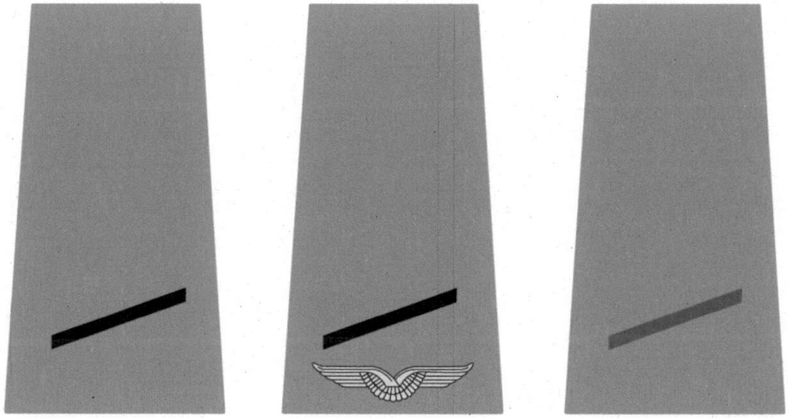

Obergefreiter

Abkürzung:	**OGefr**
Listenabkürzung:	**OG**
NATO-Rangcode:	**OR-3**
Besoldungsgruppe:	**A4**

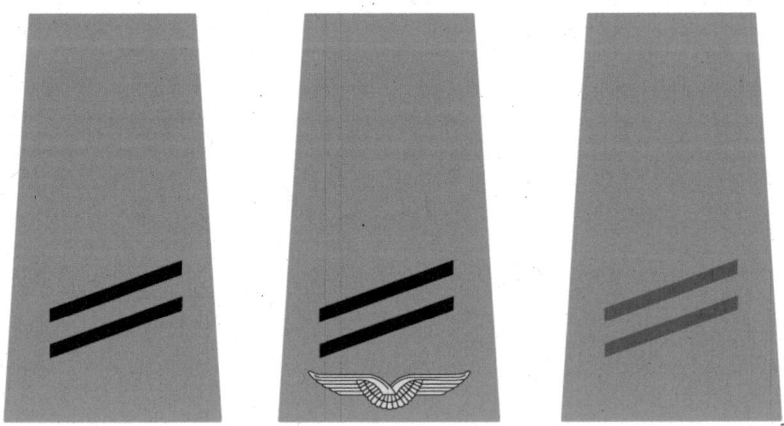

Hauptgefreiter

Abkürzung:	**HptGefr**
Listenabkürzung:	**HG**
NATO-Rangcode:	**OR-3**
Besoldungsgruppe:	**A4Z**

Stabsgefreiter

Abkürzung:	**StGefr**
Listenabkürzung:	**SG**
NATO-Rangcode:	**OR-4**
Besoldungsgruppe:	**A5**

Oberstabsgefreiter

Abkürzung:	**OStGefr**
Listenabkürzung:	**OSG**
NATO-Rangcode:	**OR-4**
Besoldungsgruppe:	**A5Z**

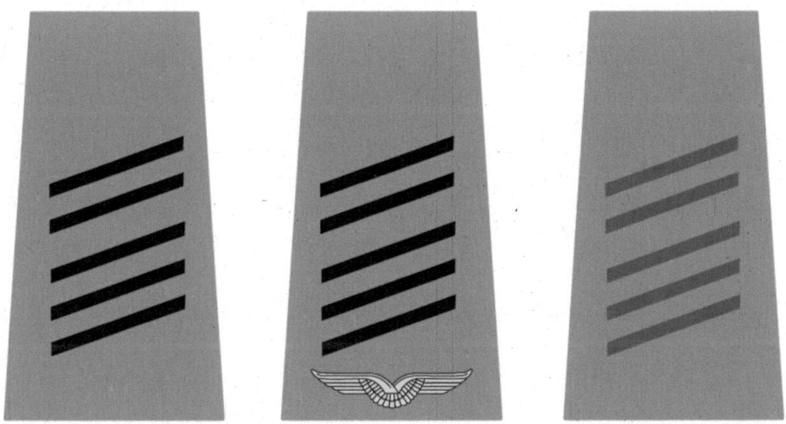

Unteroffizier / Maat

Abkürzung:	**Uffz / Maat**
Listenabkürzung:	**U / MT**
NATO-Rangcode:	**OR-5**
Besoldungsgruppe:	**A5**

Stabsunteroffizier / Obermaat

Abkürzung:	**StUffz / OMaat**
Listenabkürzung:	**SU / OMT**
NATO-Rangcode:	**OR-5**
Besoldungsgruppe:	**A6 oder A7**

Feldwebel / Bootsmann

Abkürzung:	**Fw / Btsm**
Listenabkürzung:	**F / B**
NATO-Rangcode:	**OR-6**
Besoldungsgruppe:	**A7**

Oberfeldwebel / Oberbootsmann

Abkürzung:	**OFw / OBtsm**
Listenabkürzung:	**OF / OB**
NATO-Rangcode:	**OR-6**
Besoldungsgruppe:	**A7Z**

Hauptfeldwebel / Hauptbootsmann

Abkürzung:	**HptFw / HptBtsm**
Listenabkürzung:	**HF / HB**
NATO-Rangcode:	**OR-7**
Besoldungsgruppe:	**A8Z**

Stabsfeldwebel / Stabsbootsmann

Abkürzung:	**StFw / StBtsm**
Listenabkürzung:	**SF / SB**
NATO-Rangcode:	**OR-8**
Besoldungsgruppe:	**A9**

Oberstabsfeldwebel / Oberstabsbootsmann

Abkürzung:	**OStFw / OStBtsm**
Listenabkürzung:	**OSF / OSB**
NATO-Rangcode:	**OR-9**
Besoldungsgruppe:	**A9Z**

Leutnant / Leutnant zur See

Abkürzung:	**Lt / Lt zS**
Listenabkürzung:	**L / LZS**
NATO-Rangcode:	**OF-1**
Besoldungsgruppe:	**A9**

Oberleutnant / Oberleutnant zur See

Abkürzung:	**OLt / OLt zS**
Listenabkürzung:	**OL / OLZS**
NATO-Rangcode:	**OF-1**
Besoldungsgruppe:	**A10**

Hauptmann / Kapitänleutnant

Abkürzung:	**Hptm / KptLt**
Listenabkürzung:	**H / KL**
NATO-Rangcode:	**OF-2**
Besoldungsgruppe:	**A11 oder A12**

Stabshauptmann / Stabskapitänleutnant

Abkürzung:	**StHptm / StKptLt**
Listenabkürzung:	**SH / SKL**
NATO-Rangcode:	**OF-2**
Besoldungsgruppe:	**A13**

Major / Korvettenkapitän

Abkürzung:	**Maj / KKpt**
Listenabkürzung:	**M / KK**
NATO-Rangcode:	**OF-3**
Besoldungsgruppe:	**A13**

Oberstleutnant / Fregattenkapitän

Abkürzung:	**OberstLt / FKpt**
Listenabkürzung:	**OTL / FK**
NATO-Rangcode:	**OF-4**
Besoldungsgruppe:	**A14 oder A15**

Oberst / Kapitän zur See

Abkürzung:	**Oberst / Kpt zS**
Listenabkürzung:	**O / KZS**
NATO-Rangcode:	**OF-5**
Besoldungsgruppe:	**A16, B2 oder B3**

Brigadegeneral / Flottillenadmiral

Abkürzung:	**BrigGen / FltmAdm**
Listenabkürzung:	**BG / FADM**
NATO-Rangcode:	**OF-6**
Besoldungsgruppe:	**B6**

Generalmajor / Konteradmiral

Abkürzung:	**GenMaj / KAdm**
Listenabkürzung:	**GM / KADM**
NATO-Rangcode:	**OF-7**
Besoldungsgruppe:	**B7**

Generalleutnant / Vizeadmiral

Abkürzung:	**GenLt / VAdm**
Listenabkürzung:	**GL /VADM**
NATO-Rangcode:	**OF-8**
Besoldungsgruppe:	**B9**

General / Admiral

Abkürzung:	**Gen / Adm**
Listenabkürzung:	**G / ADM**
NATO-Rangcode:	**OF-9**
Besoldungsgruppe:	**B10 oder B10Z**

Dienstverhältnisse eines Soldaten

„Berufssoldat", „Soldat auf Zeit", „Reservist" oder „Freiwillig Wehrdienstleistender" sind Begriffe, die das Dienstverhältnis beziehungsweise den Status eines Soldaten bezeichnen und mit unterschiedlichen Rechten und Pflichten einhergehen. Diese Rechte und Pflichten wirken sich so stark auf deinen Dienst in den Streitkräften aus wie die Wahl deiner Verwendung. Damit du also weißt, wie sich die Dienstverhältnisse unterscheiden, sehen wir sie uns im Folgenden an.

Freiwillig Wehrdienstleistender (FWDL)

Das Dienstverhältnis eines Freiwillig Wehrdienstleistenden (FWDL) lässt sich grob gesagt mit einem bezahlten Langzeitpraktikum vergleichen. Die zu leistende Dienstzeit ist mit sieben bis 23 Monaten überschaubar, das Arbeits- beziehungsweise Dienstverhältnis ist jederzeit kündbar und du kannst flexibel überall als Unterstützer eingesetzt werden. Außerdem bekommst du eine weitere Vergünstigung in Form von kostenloser Verpflegung über deine grüne Verpflegungskarte.

Soldat auf Zeit (SaZ)

Das Dienstverhältnis eines Soldaten auf Zeit (SaZ) ist im Vergleich zu dem des FWDL deutlich strenger, da mit ihm eine Verpflichtung für eine bestimmte Zeit einhergeht. Du verpflichtest dich, in der Bundeswehr zu dienen und an längeren Aus- und Weiterbildungen in Form von Lehrgängen oder zivilen Aus- und Weiterbildungen teilzunehmen.

Die Bereitschaft zur Teilnahme an Auslandseinsätzen ist in diesem Dienstverhältnis zwingend notwendig und aufgrund der höheren Besoldung (siehe Kapitel „Geld- und Sachbezüge") musst du deine Verpflegung selbst bezahlen.

Berufssoldat (BS)

Das Dienstverhältnis eines Berufssoldaten (BS) gleicht fast dem des SaZ, mit Ausnahme weniger Punkte. Die größte Ausnahme ist die Tatsache, dass ein BS keine Verpflichtungszeit mehr von X Jahren hat, sondern wie ein Beamter auf Lebenszeit zu sehen ist. Das bedeutet, dass er bis zum Pensionseintritt Soldat ist und seine spätere Pension von der Bundeswehr bezieht.

Viele Dienstgrade können erst nach einer bestimmten „Stehzeit" erreicht werden, welche über die maximale Dienstzeit eines SaZ hinausgehen. Diese Dienstgrade tragen in der Regel nur Berufssoldaten.

Reservedienst Leistender (RDL)

Das Dienstverhältnis eines Reservedienst Leistenden RDL ist im Grunde schon mit dem Namen erklärt. Soldaten in diesem Dienstverhältnis dienen in Teilzeit. RDL arbeiten in einem Arbeitsverhältnis außerhalb der Bundeswehr und dienen für kürzere Zeiträume in einer Reservedienstleistung. Die Tätigkeiten eines RDL in seiner Reservedienstleistung hängen von seiner Verwendung ab und können bis zu einer Verwendung im Auslandseinsatz gehen.

Der Befehl

Der Befehl lässt sich am besten anhand seiner Definition erklären. Diese ist im § 2 Nr. 2 WStG beschrieben und lautet wie folgt:

> *Ein Befehl ist eine Anweisung zu einem bestimmten Verhalten, die ein militärischer Vorgesetzter einem Untergebenen schriftlich, mündlich oder in anderer Weise, allgemein oder für den Einzelfall mit Anspruch auf Gehorsam erteilt.*

Diese Definition ist für dich als Soldat essenziell, weshalb du sie so schnell wie möglich auswendig lernen solltest! Im Anschluss zerlege ich diese Definition für dich in fünf Einzelteile und erkläre dir Stück für Stück, worauf es für dich ankommt. Das bedeutet, wie ein bestimmtes Verhalten aussieht, welche Vorgesetzten es gibt, wie ein Befehl erteilt werden kann, welche Befehlsarten es gibt und (und das ist für dich fast der wichtigste Punkt) was Gehorsam ist und unter welchen Umständen dein Gehorsam nicht zwingend notwendig oder gar verboten ist.

Die Ausführung eines Befehls

> *Ein Befehl ist eine **Anweisung zu einem bestimmten Verhalten**, die ein militärischer Vorgesetzter einem Untergebenen schriftlich, mündlich oder in anderer Weise, allgemein oder für den Einzelfall mit Anspruch auf Gehorsam erteilt. (§ 2 Nr. 2 WStG)*

Ein Befehl kann verschiedenste Anweisungen enthalten. Wichtig für dich ist vor allem, dass du den Befehl nach besten Kräften, vollständig, gewissenhaft und unverzüglich auszuführen hast. Was bedeutet das?

Ausführung des Befehls nach besten Kräften
Du musst alles in deiner Macht stehende tun, um den Befehl auszuführen.

Vollständige Ausführung des Befehls
Du „nagelst" den Vorgesetzten nicht auf eine Formulierung fest, sondern befolgst den Befehl in seinem vollständigen Sinn und Zweck.

Gewissenhafte Ausführung des Befehls
Du lässt größtmögliche Sorgfalt walten und verwendest deinen Entscheidungsspielraum auf eine optimale Auftragserfüllung.

Unverzügliche Ausführung des Befehls
Vorausgesetzt, die Ausführung des Befehls ist nicht zu einem bestimmten, späteren Zeitpunkt festgelegt, führst du diesen sofort und ohne schuldhaftes Zögern aus.

Die Vorgesetztenverordnung

> *Ein Befehl ist eine Anweisung zu einem bestimmten Verhalten, die* ***ein militärischer Vorgesetzter einem Untergebenen*** *schriftlich, mündlich oder in anderer Weise, allgemein oder für den Einzelfall mit Anspruch auf Gehorsam erteilt. (§ 2 Nr. 2 WStG)*

In den deutschen Streitkräften gibt es mehrere Arten von militärischen und zivilen Vorgesetzten. Der Inhaber der Befehls- und Kommandogewalt der Bundeswehr ist, wie du aus dem Unterkapitel „BMVg" auf Seite 19 weißt, der Verteidigungsminister beziehungsweise im Verteidigungsfall der Bundeskanzler.

Abgesehen davon ist für dich im Moment viel wichtiger, welche militärischen Vorgesetzten es gibt. Hier also eine Auflistung der in der Vorgesetztenverordnung (VorgV) enthaltenen militärischen Vorgesetzten-Typen:

- § 1 VorgV: unmittelbare Vorgesetzte
- § 2 VorgV: Fachvorgesetzte
- § 3 VorgV: Vorgesetzte mit besonderem Aufgabenbereich
- § 4 VorgV: Vorgesetzte auf Grund des Dienstgrades
- § 5 VorgV: Vorgesetzte auf Grund besonderer Anordnung
- § 6 VorgV: Vorgesetzte auf Grund eigener Erklärung

§ 1 VorgV: Unmittelbare Vorgesetzte
Unmittelbare Vorgesetzte führen Teileinheiten, Einheiten, Dienststellen oder militärische Verbände. Das bedeutet, es sind Gruppenführer, Zugführer, Kompaniechefs, Bataillonskommandeure und höher. Diese Vorgesetzten haben eine allgemeine Befehlsbefugnis gegenüber den ihnen unterstellten Soldaten, sowohl in und außerhalb des Dienstes. Die für dich relevanten unmittelbaren Vorgesetzten sind somit dein Gruppenführer, dein Zugführer und dein Kompaniechef.

§ 2 VorgV: Fachvorgesetzte

Fachvorgesetzte leiten einen bestimmten Fachbereich. Sie haben die Befugnis, den Soldaten in ihrem Fachbereich fachdienstliche Befehle zu erteilen. Diese Regelung trifft beispielsweise auf den Leiter einer Dienststelle im Sanitätsdienst zu. Der Leiter des Sanitätsversorgungszentrums in deiner Kaserne ist somit Fachvorgesetzter für die ihm unterstellten Soldaten.

§ 3 VorgV: Vorgesetzte mit besonderem Aufgabenbereich

Vorgesetzte mit besonderem Aufgabenbereich haben im Dienst die Befugnis, anderen Soldaten Befehle zu erteilen, die zur Erfüllung ihrer Aufgaben notwendig sind. Wenn sich dies aus ihrem Aufgabenbereich ergibt, haben sie Befehlsbefugnis auch gegenüber Soldaten, die sich nicht im Dienst befinden. Vorgesetzten nach diesem Paragrafen erkennst du an ihrer entsprechenden Kennzeichnung am linken Arm. Beispiele sind:

- dein Kompaniefeldwebel (gelbe Kordel)
- der Offizier des Wachdienstes (OvWa-Armbinde)
- Wachsoldaten oder ziviles Wachpersonal (Wach-Armbinde)
- Feldjäger (MP-Armbinde)

§ 4 VorgV: Vorgesetzte aufgrund des Dienstgrades

Bei Vorgesetzten aufgrund des Dienstgrades richtet sich die Befehlsbefugnis nach der Laufbahn, welche du bereits aus dem Kapitel „Darstellung der Dienstgrade“ kennst. Diese Befehlsbefugnis gilt:

- innerhalb einer Kompanie beziehungsweise einer gleichwertigen Einheit nur im Dienst
- innerhalb umschlossener Liegenschaften in und außer Dienst

Die Befehlsbefugnis besteht bei:

- Offizieren gegenüber Unteroffizieren und Mannschaften
- Unteroffizieren mit Portepee gegenüber Unteroffizieren ohne Portepee und Mannschaften
- Unteroffizieren ohne Portepee gegenüber Mannschaften

§ 5 VorgV: Vorgesetzte aufgrund besonderer Anordnung

Ein Vorgesetztenverhältnis aufgrund besonderer Anordnung entsteht, wenn ein Vorgesetzter innerhalb seiner Befehlsbefugnis Untergebene einem anderen Soldaten für eine bestimmte Aufgabe vorübergehend unterstellt. Dieser Vorgesetzte auf Grund besonderer Anordnung hat somit die Befugnis, seinen unterstellten Soldaten Befehle zu erteilen, welche zur Erfüllung seiner Aufgaben notwendig sind.

Beispiel: Das klassische Beispiel für einen Vorgesetzten nach § 5 VorgV ist der Hilfsausbilder im Dienstgrad des Gefreiten oder Obergefreiten. Er unterstützt normalerweise die Gruppenführer bei der Ausbildung und hat keinerlei Befehlsbefugnis über dich und deine Gruppe. Befielt dein Gruppenführer ihm jedoch, deine Gruppe zum Mittagessen zur Kantine zu führen, stellt dies eine bestimmte Aufgabe dar und macht ihn somit zu deinem Vorgesetzten auf Grund besonderer Anordnung.

§ 6 VorgV: Vorgesetzte aufgrund eigener Erklärung
Dieses Vorgesetztenverhältnis ist ein Sonderfall und steht mit Absicht ganz am Ende. Nur ein Soldat des Dienstgrades Unteroffizier oder höher kann sich in und außer Dienst gegenüber anderen Soldaten des gleichen oder niedrigeren Dienstgrades zum Vorgesetzten erklären. Dies ist jedoch nur möglich, wenn er dies für notwendig hält, weil:

- eine Notlage sofortige Hilfe erfordert
- zur Aufrechterhaltung der Disziplin oder Sicherheit ein sofortiges Eingreifen unerlässlich ist
- eine unübersichtliche, kritische Lage herrscht und ausschließlich eine einheitliche Befehlsgebung an Ort und Stelle, ungeachtet der vor Ort befindlichen Soldaten, hergestellt werden muss

Die Befehlsbefugnis umfasst Befehle, die der Lage nach erforderlich sind.
Wichtig:

1. Sobald ein fachlich höher qualifizierter Vorgesetzter vor Ort eintrifft, ist dieser befugt, die Befehlsgewalt zu übernehmen.
2. Außerdem kann sich niemand zum Vorgesetzten von Soldaten erklären, die ihm selbst auf Grund der Paragrafen 1 bis 3 und 5 vorgesetzt sind.

Beispiel: Das Fallbeispiel für Vorgesetzte aufgrund eigener Erklärung ist zwar unwahrscheinlich, könnte jedoch wie folgt aussehen: Eine Kfz-Besatzung, bestehend aus zwei Stabsunteroffizieren, einem Unteroffizier und drei Mannschaften, ist in einen Verkehrsunfall mit zwei anderen zivilen Fahrzeugen und mehreren Verletzten verwickelt. Um dieser Notlage sofort Herr zu werden, ist ein zügiges und koordiniertes Arbeiten notwendig. Ein erfahrener und im Sanitätsdienst kundiger Stabsunteroffizier erklärt sich selbst nach § 6 VorgV zum Vorgesetzten. Durch seine Befehle werden alle Maßnahmen getroffen, um die Notlage bestmöglich zu bewältigen. Nach Auflösung der Notlage erlischt sein Vorgesetztenverhältnis.

Welcher Vorgesetzte darf jetzt nochmal was gegenüber wem? Und wann? Siehe dazu die Tabelle „Übersicht der Befehlsbefugnisse" auf der nächsten Seite.

Nun kennst du alle Arten der militärischen Vorgesetzten. Was passiert jedoch, wenn mehrere Vorgesetzte aufeinandertreffen? In der unten gezeigten Grafik siehst du, welches Vorgesetztenverhältnis welches „frisst", sprich welcher Vorgesetzte dir in einer Situation mit mehreren Vorgesetzten etwas zu sagen hat.

Quelle: Freepik, www.flaticon.com

Übersicht der Befehlsbefugnisse

Befehlsbefugnisse	Wer?	Was?	Wem?	Wo?	Wann?
§ 1 Unmittelbare Vorgesetzte	Kommandeure, Einheitsführer, Teileinheitsführer, Dienststellenleiter	Allgemeine Befehlsbefugnis	Soldaten der Organisationseinheit	Innerhalb und außerhalb mil. Liegenschaften	In und außer Dienst
§ 2 Fachvorgesetzte	Leiter eines Fachdienstes (Sanität, Geo-Info, Militärmusik)	Fachdienstliche Befehlsbefugnis	Fachdienstlich unterstellten Soldaten	Innerhalb und außerhalb mil. Liegenschaften	Im Dienst
§ 3 Vorgesetzte mit besonderem Aufgabenbereich	Soldaten mit besonderem Aufgabenbereich	Befehlsbefugnis zur Erfüllung der Aufgaben	gegenüber jedem Soldaten, außer dem eigenen § 1 Vorgesetzten	Innerhalb und außerhalb mil. Liegenschaften	Vorgesetzter im Dienst / Untergebener auch außer Dienst
§ 4 Vorgesetzte auf Grund des Dienstgrades	Staffelung nach Dienstgradgruppen / Laufbahnen	Allgemeine Befehlsbefugnis	Staffelung nach Dienstgradgruppen / Laufbahnen	Innerhalb mil. Liegenschaften	In und außer Dienst
§ 5 Vorgesetzte auf Grund besonderer Anordnung	Soldaten, welchen andere Soldaten vorübergehend unterstellt wurden	Befehlsbefugnis zur Erfüllung der Anordnung	Vorübergehend unterstellten Soldaten	Innerhalb und außerhalb mil. Liegenschaften	Vorgesetzter im Dienst / Untergebener auch außer Dienst
§ 6 Vorgesetzte auf Grund eigener Erklärung	Unteroffiziere und höhere Dienstgrade	Befehlsbefugnis zur Bewältigung der Notsituation	Soldaten mit gleichem oder niedrigerem Dienstgrad	Innerhalb und außerhalb mil. Liegenschaften	In einer akuten Notsituation

Die Erteilung eines Befehls

> *Ein Befehl ist eine Anweisung zu einem bestimmten Verhalten, die ein militärischer Vorgesetzter einem Untergebenen* ***schriftlich, mündlich oder in anderer Weise****, allgemein oder für den Einzelfall mit Anspruch auf Gehorsam erteilt. (§ 2 Nr. 2 WStG)*

Wie du anhand der Definition erkennen kannst, gibt es mehrere Arten, einen Befehl zu erteilen. In diesem Abschnitt zeige ich dir, dass dein Vorgesetzter viele Möglichkeiten hat, dir Befehle zu erteilen.

Befehle können schriftlich, mündlich oder in anderer Weise, beispielsweise durch akustische Signale oder sogar nur durch Verhalten oder schlüssiges Handeln, gegeben werden.

Schriftlich erteilter Befehl

Hat der Vorgesetzte mehr Zeit beziehungsweise einen umfangreicheren Befehl zu geben, bietet sich die schriftliche Form des Befehls an. Somit können viele Informationen für viele Empfänger zugänglich gemacht werden. Darüber hinaus sind die Informationen des Befehls länger „haltbar" und somit auch für einen längeren Zeiträume präsent. Mögliche Beispiele für schriftliche Befehle können sein:

- Weisungen von höheren Kommandobehörden
- wiederkehrende Befehle wie Dienstpläne als Kompaniebefehle
- Operationsbefehle

Mündlich erteilter Befehl

Mündliche Befehle fallen in der Regel kürzer aus und sind für kürzere Zeiträume praktisch. Darüber hinaus sind sie manchmal einfacher und nicht unbedingt an eine bestimmte Form gebunden. Außerdem ist es mit mündlichen Befehlen leichter, auf spontane Ereignisse oder, wie man beim Militär sagt, Lageänderungen zu reagieren. Mögliche Beispiele für mündliche Befehle können sein:

- Tagesbefehle des Kompaniechefs oder Zugführers
- Gefechtsbefehle
- Kommandos
- sonstige Befehle im täglichen Dienstbetrieb

In anderer Weise erteilter Befehl

Andere Weisen, Befehle zu erteilen können so unterschiedlich sein wie die Situationen (Lagen), in welchen sie erteilt werden müssen. Beispiele für Befehle mit anderer Art der Erteilung können sein:

- akustische Signale (Pfiff oder Schuss)
- visuelle Signale (Leuchtsignal oder Blinker des Kfz)
- taktische Handzeichen (Schützenreihe, Stellung etc.)
- schlüssiges und vorher im Befehl festgelegtes Verhalten (Richtungstrupp der Schützenreihe bleibt stehen)

Die Arten eines Befehls

> *Ein Befehl ist eine Anweisung zu einem bestimmten Verhalten, die ein militärischer Vorgesetzter einem Untergebenen schriftlich, mündlich oder in anderer Weise,* ***allgemein oder für den Einzelfall*** *mit Anspruch auf Gehorsam erteilt. (§ 2 Nr. 2 WStG)*

Nachdem du jetzt weißt, auf welche Weise ein Befehl erteilt werden kann, erkläre ich dir jetzt, in welche Befehlsarten man bei der Bundeswehr unterscheidet. Im letzten Abschnitt hast du schon gemerkt, dass nicht jede Befehlsart für jede Lage sinnvoll und praktikabel sein muss. Hier also die Erklärung für die im letzten Abschnitt aufgeführten Beispiele der Befehlsarten.

Die Weisung

Die Weisung eines zivilen Vorgesetzten, beispielsweise aus dem BMVg, ist genau wie die Weisung eines militärischen Vorgesetzten für den unterstellten Bereich (unterstellte Soldaten) bindend. Sie wird also von der höheren Führungsebene zur Steuerung der gesamten Streitkräfte genutzt und beinhaltet gesamtkonzeptionelle Vorgaben. Sie betrifft dich nur indirekt, du solltest aber einmal von ihr gehört haben.

Der Operationsbefehl

Der Operationsbefehl folgt, genau wie der Gefechtsbefehl, dem festen „L-A-D-E-F-Schema", das du im Anhang findest. Solltest du als Freiwillig Wehrdienstleistender oder Mannschaftssoldat in die Bundeswehr eintreten, ist das L-A-D-E-F-Schema für dich nur indirekt maßgeblich. Solltet du als Unteroffizier-Anwärter (UA), Feldwebel-/Bootsmann-Anwärter

(FA/BA) oder Offizier-Anwärter (OA) in die Bundeswehr eintreten, wird dich dieses Befehlsschema sehr früh und bis ans Ende deiner Dienstzeit begleiten. Es ist sehr wichtig und du wirst es auswendig lernen müssen.

Der Operationsbefehl wird vom Gruppenführer aufwärts von jedem Führer verwendet und vor Beginn einer Operation erstellt und erteilt. Man unterscheidet hier zwischen dem Einzelbefehl und dem Gruppenbefehl. Der **Einzelbefehl** richtet sich an einzelne Soldaten oder Teileinheiten der unterstellten Soldaten. Erteilt dein Gruppenführer dir und einem Kameraden einen Befehl für den Alarmposten, ist dies folglich ein Einzelbefehl. Der **Gruppenbefehl** richtet sich an alle unterstellten Soldaten. Teilt dir dein Gruppenführer also in der Befehlsausgabe den Auftrag der Gruppe oder seine eigene Absicht mit, ist dies ein Gruppenbefehl.

Der Gefechtsbefehl

Der Gefechtsbefehl wird vom Gruppenführer aufwärts von jedem Führer verwendet und während der laufenden Operation erteilt. Dieser richtet sich nach der momentanen Anforderung entsprechend der Lage. Du wirst einen Gefechtsbefehl in Form eines Marschbefehls für den Marsch zum Übungsplatz, eines Befehls für die Sicherung oder eines Befehls für den Alarmposten erhalten. Diesen wird dein Gruppenführer gemäß der aktuellen Lage geben.

Der Gefechtsbefehl abgekürzt

Die „L-A-D-E-F-Struktur" des Gefechtsbefehls ist in Gefechtssituationen zu umfangreich, um schnelle und präzise Handlungsanweisungen geben zu können. Damit diese Befehle im Gefecht schnell gegeben werden können, kürzt man die „L-A-D-E-F-Struktur" in einen sogenannten „L-A-D" ab. Diesen findest du ebenfalls im Anhang.

Das Kommando

Ein Kommando ist ein kurzer mündlicher Befehl, der eine sofortige, vorher festgelegte und bekannte Handlung verlangt. Dies kann im Formaldienst mit einem Kommando wie „Stillgestanden" oder „Die Augen links" erfolgen.

Genauso funktioniert es im Gefechtsdienst mit einem Feuerbefehl. Die Zielzuweisung passiert nach dem „E-R-E-Z-A-Schema“ (siehe Anhang) und wird am Ende mit dem Ausführungskommando „Feuer“ abgeschlossen.

Nicht zu vergessen: Zwei nicht zu vernachlässigende Sonderarten des Befehls sind der **Vorbefehl** und der **Präventiv-Befehl**. Der Vorbefehl ist an kein Schema gebunden und dient sowohl dem Führer als auch den unterstellten Soldaten zur Zeitersparnis. Dein Gruppenführer wird dir am Abend vor der ersten Geländeausbildung auf dem Übungsplatz befehlen, was du in deinen Rucksack zu packen hast. Warum befielt er das? Er gibt dir die Möglichkeit, dich am Vorabend stressfrei vorzubereiten und spart am nächsten Morgen Zeit. Der Vorbefehl kann Maßnahmen wie Vorbereitung von Munition, Waffen, Verpflegung, persönlicher Ausrüstung oder Fahrzeugen enthalten.

Der „Präventiv-Befehl“ ist eher selten und wird vom Kompaniechef gegeben, um vermeidbare Ereignisse, welche den Dienst behindern können, zu verhindern. Ist ein Soldat beispielsweise für einen Auslandseinsatz geplant und ist Hobby-Fallschirmspringer, kann der Kompaniechef ihm die Ausübung dieses Hobbys für einen bestimmten Zeitraum untersagen. Die Konsequenz eines Unfalls beim Fallschirmspringen wäre, neben der Verletzung des Soldaten, auch der Ausfall des Dienstpostens im Einsatz.

Befehl und Gehorsam

> *Ein Befehl ist eine Anweisung zu einem bestimmten Verhalten, die ein militärischer Vorgesetzter einem Untergebenen schriftlich, mündlich oder in anderer Weise, allgemein oder für den Einzelfall **mit Anspruch auf Gehorsam** erteilt. (§ 2 Nr. 2 WStG)*

Dass du als Soldat zum Gehorsam verpflichtet bist, hatten wir bereits. Jedoch gibt es auch Fälle, in welchen du nicht oder nur bedingt zum Gehorsam verpflichtet bist. Dies hängt nun von deinem Vorgesetzten ab:

- Der Vorgesetzte ist nach § 10 Abs. 4 des Soldatengesetzes verpflichtet, dir nur rechtmäßige Befehle zu erteilen.
- Du bist nach § 11 des Soldatengesetzes nur zum Ausführen verbindlicher Befehle verpflichtet.

Bekommst du einen Befehl, der dir komisch vorkommt, prüfst du, ob der Befehl rechtswidrig oder unverbindlich ist. Wie geht das? Ein Befehl ist **rechtswidrig**, wenn er:

1. keinen dienstlichen Zweck hat
2. gegen Dienstvorschriften verstößt
3. gegen Gesetze verstößt
4. ein Verstoß gegen das humanitäre Völkerrecht darstellt

Da dich nicht jeder rechtswidrige Befehl vom Gehorsam entbindet, ist es wichtig, auch die Unverbindlichkeit zu prüfen. Nur im Zusammenspiel kannst du eine klare Entscheidung treffen, ohne hinterher mit disziplinären Folgen rechnen zu müssen. Ein Befehl ist **unverbindlich**, wenn er:

1. die Menschenwürde verletzt
2. unzumutbar ist
3. keinen dienstlichen Zweck hat
4. eine Straftat darstellt („gefährlicher Befehl")
5. einen schweren Verstoß gegen das humanitäre Völkerrecht (HVR) darstellt

Ich weiß das Thema ist trocken, daher jetzt einige kurze Beispiele für rechtswidrige und/oder unverbindliche Befehle:

- **Rechtswidrig, da kein dienstlicher Zweck:** Befehl, das private Auto des Vorgesetzten zu waschen
- **Rechtswidrig, da gegen Dienstvorschriften:** Befehl, länger zu arbeiten, ohne die Überstunden festzuhalten und angerechnet zu bekommen
- **Rechtswidrig, da gegen Gesetze:** Befehl an den Kraftfahrer, schneller zu fahren als es die Geschwindigkeitsbegrenzung erlaubt
- **Rechtswidrig, da Verstoß gegen das humanitäre Völkerrecht:** Das HVR unterscheidet in leichte und schwere Verstöße. Ein Beispiel für einen leichten Verstoß wäre, einen gegnerischen Offizier in Kriegsgefangenschaft arbeiten zu lassen, obwohl diese nach dem HVR davon befreit sind.
- **Unverbindlich, da Verletzung der Menschenwürde:** Befehl, die Toilette mit deiner Zahnbürste zu putzen. Einen solchen Befehl musst du nicht ausführen!

- **Unverbindlich, da unzumutbar:** Ein Beispiel für einen solchen Befehl zu finden ist zum Glück schwer. Unzumutbare Befehle werden in der Regel bereits durch unsere Gesetze verhindert und sind damit bereits rechtswidrig und in diesem Fall auch unverbindlich. Einen solchen Befehl musst du nicht ausführen!
- **Unverbindlich, da kein dienstlicher Zweck:** Befehl, mit Geld des Vorgesetzten einen Blumenstrauß zu dessen Hochzeitstag zu kaufen. Einen solchen Befehl musst du nicht ausführen!
- **Unverbindlich, da Straftat:** Befehl, bei viel Verkehr über eine rote Ampel zu fahren. Man spricht hier auch vom „gefährlichen Befehl“, da du als Befehlsempfänger mit der Ausführung des Befehls eine Straftat begehst und somit selbst ins Visier der Strafverfolgung geraten würdest. Einen solchen Befehl darfst du nicht ausführen!
- **Unverbindlich, da schwerer Verstoß gegen das humanitäre Völkerrecht:** Befehl, „keine Gefangenen zu machen“ oder Zivilisten als „Schutzschild“ zu missbrauchen. Einen solchen Befehl darfst du nicht ausführen!

Der Befehl ist ...

rechtswidrig, da

- kein dienstlicher Zweck
- Verstoß gegen Dienstvorschriften
- Verstoß gegen Gesetze
- Verstoß gegen das Völkerrecht

rechtmäßig

verbindlich

muss befolgt werden!

unverbindlich, da

- kein dienstlicher Zweck
- Verstoß gegen die Menschenwürde
- unzumutbar
- Begehung einer Straftat
- schwerer Verstoß gegen das Völkerrecht

- kein dienstlicher Zweck
- Verstoß gegen die Menschenwürde
- unzumutbar

muss nicht befolgt werden!

- Begehung einer Straftat
- schwerer Verstoß gegen Völkerrecht

darf nicht befolgt werden!

Wachdienst und unmittelbarer Zwang

Aus Gründen der militärischen Sicherheit ist es unerlässlich, dass militärische Liegenschaften und andere sensible Bereiche bewacht werden. Immer weniger Kasernen der Bundeswehr werden von einer militärischen Wache bewacht, denn vermehrt greift man hier auf zivile Wachfirmen zurück. Trotzdem ist die Wachausbildung ein elementarer Bestandteil deiner Grundausbildung und führt sogar zum Nichtbestehen und der Wiederholung der Grundausbildung.

Die Wachausbildung in der AGA ist in zwei „Bereiche" einteilbar – Theorie und Praxis. Die Praxis umfasst verschiedenste Handlungs- und Verhaltenstrainings für den Einsatz am Tor oder der Streife sowie das sogenannte „Wachschießen". Dieses besondere Schießen vermittelt und prüft deine Fähigkeit, deine Schusswaffe in einer entsprechenden Situation nach Androhung des Schusswaffengebrauchs zum Einsatz zu bringen.

Diese Androhung des Schusswaffengebrauchs ist, wie alle anderen Maßnahmen, im „Gesetz über die Anwendung unmittelbaren Zwanges und die Ausübung besonderer Befugnisse durch Soldaten der Bundeswehr und verbündeter Streitkräfte sowie zivile Wachpersonen" oder kurz **UZwGBw** vorgeschrieben.

Das UZwGBw dient als „Polizeirecht für Streitkräfte" und ermöglicht es der Bundeswehr, sich selbst vor Straftaten gegen die Bundeswehr und rechtswidrige Störungen der dienstlichen Tätigkeit zu schützen. Es liefert die Rechtsgrundlage für den Schutz der Einsatzbereitschaft, Schlagkraft und Sicherheit der Truppe vor rechtswidrigen Handlungen.

Du kannst als Wachsoldat in zwei verschiedenen Positionen eingesetzt werden: am Zufahrtstor zur Kaserne oder als Streife. An der Kasernenzufahrt kontrollierst du die Zufahrtsberechtigung aller Fahrzeuge und Personen, welche die Liegenschaft betreten oder befahren wollen. Darüber hinaus kontrollierst du bei ausfahrenden Bundeswehrfahrzeugen den äußeren Zustand, die Fahrzeugpapiere (Fahrauftrag etc.) und die eingesetzten Kraftfahrer gegebenenfalls auf Fahrtüchtigkeit und ordentliches Erscheinungsbild.

Als Wachsoldat, eingesetzt in der Streife, bewegst du dich auf vorher festgelegten Streifenwegen und überprüfst Zäune und Mauern auf Schäden und kontrollierst gleichzeitig mögliche Personen ohne Zutrittsberechtigung. Du stellst also die militärische Sicherheit deiner Kaserne sicher.

Situationen im Wachdienst können schnell unübersichtlich werden und zur Überschreitung der Befugnisse führen, was wiederum Konsequenzen nach sich zieht. Damit dies nicht eintritt, gebe ich dir – unabhängig ob du die Wachausbildung vor dir oder bereits bestanden hast – kompakt die Informationen mit, die du erfahrungsgemäß auf jeden Fall im Hinterkopf behalten solltest. Ich gebe dir außerdem praktische Prüfschemata an die Hand, anhand derer du schnell prüfen kannst, ob du in einer bestimmten Situation eine Maßnahme durchführen dürftest oder nicht. Wenn erforderlich nenne ich dir ein Beispiel, um alles anschaulich darzustellen.

Diese für dich als Wachsoldat wichtigen Gesetze und Kompetenzen des UZwGBw umfassen:

- § 1 UZwGBw: Berechtigte Personen
- § 2 UZwGBw: Militärische Bereiche und militärische Sicherheitsbereiche
- § 3 UZwGBw: Straftaten gegen die Bundeswehr
- § 4 UZwGBw: Anhalten und Personenüberprüfung
- § 5 UZwGBw: Weitere Personenüberprüfung
- § 7 UZwGBw: Durchsuchung und Beschlagnahme
- § 14 UZwGBw: Fesselung
- §§ 9 und 15 UZwGBw: Maßnahmen des unmittelbaren Zwangs und Schusswaffengebrauch

§ 1 Berechtigte Personen

Paragraf 1 des UZwGBw legt fest, wer berechtigt ist, besondere Befugnisse und unmittelbaren Zwang anzuwenden. Der Kreis der berechtigten Personen umfasst:

1. Soldaten mit Wachaufgaben (innerhalb der Kaserne)
2. Zivile Wachpersonen mit militärischen Wachaufgaben
3. Soldaten mit Sicherheitsaufgaben (außerhalb der Kaserne, z.B. Feldjäger)
4. Soldaten verbündeter Streitkräfte

§ 2 Militärische Bereiche und Sicherheitsbereiche

Paragraf 2 des UZwGBw legt den örtlichen Geltungsbereich des Gesetzes fest. Grundsätzlich gilt das UZwGBw nur auf deutschem Hoheitsgebiet und nicht im Auslandseinsatz. Das Hoheitsgebiet der Bundesrepublik Deutschland umfasst Land, Luft, Binnengewässer sowie das küstennahe Meer bis zwölf Seemeilen vor der Küste. Darüber hinaus gilt das UZwGBw auch auf Schiffen mit Berechtigung zum Führen der Bundesflagge.

Wie der Name des § 2 UZwGBw erahnen lässt, richtet sich die Befugnis nach der Einstufung des Bereichs. Man unterschiedet zwischen dem Militärischen Bereich (MB) und dem Militärischen Sicherheitsbereich (MSB).

Der Militärische Bereich (MB)
Ein MB kann eine Anlage, Einrichtung oder auch ein Schiff der Bundeswehr oder verbündeter Streitkräfte sein. Zur Einstufung eines Bereichs zum MB muss nicht zwingend ein Zaun oder eine Wache vorhanden sein.

Ein Beispiel für einen MB ist das Karrierecenter, in dem du deinen Einstellungstest absolviert hast. Es ist eine militärische Anlage, jedoch befinden sich dort „nur" Büros, die keiner eigenen Bewachung bedürfen.

Der Militärische Sicherheitsbereich (MSB)
Ein MSB ist im Prinzip ein MB mit erhöhten Sicherheitsvorkehrungen. Diese werden notwendig, wenn sich dort übende Truppen befinden (Übungsplätze), scharf geschossen wird (Schießanlagen) oder sensible Einrichtungen oder Bereiche vorhanden sind (Kasernen). Ein MSB setzt drei wichtige Kriterien voraus:

1. Erklärung zum MSB (durch übergeordnete Stelle)
2. Kennzeichnung des MSB (Beschilderung)
3. Zutrittsverbot für Unbefugte

Das klingt sehr abstrakt, deshalb nehmen wir als Beispiel für die Erklärung deine Kaserne. Als du zum Dienstantritt vor deiner Kaserne standest, konntest du auf einem Schild folgenden Text lesen:

Militärischer Sicherheitsbereich

Unbefugtes Betreten verboten!

Vorsicht Schusswaffengebrauch!

Der Standortälteste

Wie du siehst, sind bei deiner Kaserne alle Kriterien erfüllt. Somit bist du als Wachsoldat in deiner Kaserne berechtigt, das UZwGBw anzuwenden.

§ 3 Straftaten gegen die Bundeswehr

Nachdem wir geklärt haben, welche Personen berechtigt sind, das UZwGBw anzuwenden und wo das UZwGBw zur Geltung kommt, müssen wir jetzt noch definieren, was überhaupt eine Straftat gegen die Bundeswehr ist. Eine Straftat gegen die Bundeswehr ist jede Straftat, welche gegen

- Personal,
- Material,
- militärische Bereiche oder Sicherheitsbereiche oder
- militärische Geheimhaltung verstößt.

Personal
Das Personal der Bundeswehr umfasst laut diesem Gesetz Angehörige der Bundeswehr, Angehöriger verbündeter Streitkräfte und zivile Wachpersonen. Beispiele für Angehörige der Bundeswehr sind Soldaten, Truppenfachlehrer oder Militärpfarrer.

Merke dir: Jeder, der sein Gehalt von der Bundeswehr erhält, ist Angehöriger der Bundeswehr und somit durch das UZwGBw geschützt. Ein Beispiel für Angehörige verbündeter Streitkräfte sind Angehörige aller Streitkräfte der NATO-Mitgliedstaaten.

Zivile Wachpersonen werden durch die jeweiligen Dienststellen bestimmt und unterliegen im Dienst dem Schutz des UZwGBw.

Material
Material der Bundeswehr umfasst alles aus dem Vermögen des Bundes und somit Bekleidung, Waffen, Fahrzeuge, IT-Material etc. Wird also beispielsweise ein Fahrzeug der Bundeswehr beschädigt, stellt dies eine Straftat gegen die Bundeswehr dar.

Militärische Bereiche und Sicherheitsbereiche
Eine Straftat gegen MBs oder MSBs können natürlich nur in Form von unerlaubtem Eindringen, gegebenenfalls Hausfriedensbruch, begangen werden. Verschafft sich also jemand ohne Zutrittsberechtigung Zugang zur Kaserne, ist dies eine Straftat gegen die Bundeswehr und eine berechtigte Person nach UZwGBw wäre befugt, besondere Befugnisse durchzusetzen.

Militärische Geheimhaltung
Eine Straftat gegen die Bundeswehr in Form eines Verstoßes gegen die militärische Geheimhaltung ist immer gegeben, wenn sensible Informationen an die Öffentlichkeit geraten. Dies geschieht beispielsweise beim Abfotografieren und Veröffentlichen von Bildern sensibler Bereiche oder Geräte sowie von Dokumenten mit entsprechender Einstufung.

§ 4 Anhalten und Personenüberprüfung

Mit § 4 UZwGBw kommt die erste Befugnis, die du als Soldat im Wachdienst hast. Das Anhalten und Überprüfen von Personen ist rechtmäßig, wenn du als Wachsoldat eine Person überprüfst, die in den betroffenen Personenkreis fällt und die Identität oder Aufenthaltsberechtigung unbekannt ist. In den betroffenen Personenkreis fallen Personen, die

1. in den MSB hineinwollen,
2. sich im MSB befinden,
3. aus dem MSB herauswollen,

4. aus dem MSB geflüchtet sind und noch in Ruf- und Sichtweite sind oder
5. sich dem MSB unberechtigt Zutritt verschaffen wollten und nach Abbruch des Versuchs fliehen und noch in Ruf- und Sichtweite sind.

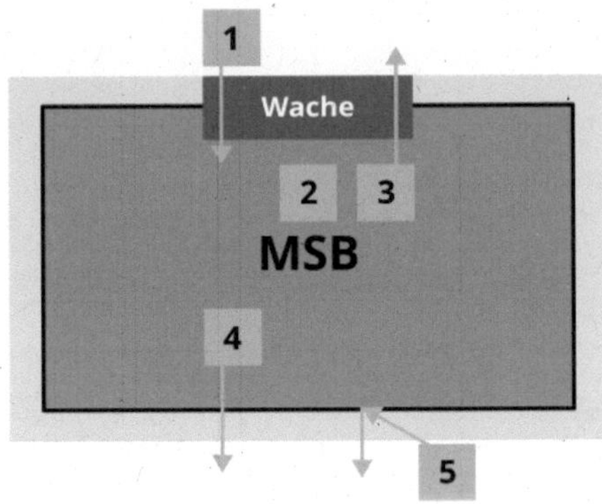

Um zu prüfen, ob du eine Personenüberprüfung durchführen darfst, orientiere dich einfach an diesem Prüfschema:

Prüfschema § 4 UZwGBw Anhalten und Personenüberprüfung

1. Berechtigte Person – Bist du Soldat im Wachdienst?

Ja ↙ | Nein → Maßnahme ist rechtswidrig!

2. Betroffener Personenkreis – Unterliegt die Person der Personenüberprüfung?

Ja ↙ | Nein → Maßnahme ist rechtswidrig!

3. Identität unbekannt? – Weißt du nicht sicher, wer die Person ist?

oder

Aufenthaltsberechtigung unbekannt? – Weißt du sicher, ob sich die Person im MSB aufhalten darf?

Nein ↓ | Ja → Maßnahme ist rechtswidrig!

Die Maßnahme ist rechtmäßig und du darfst sie durchführen!

Fallbeispiel
Du bist als Wachsoldat mit einem weiteren Kameraden als Streife eingesetzt. Bei deinem Streifengang fällt dir eine unbekannte Person auf, die in einem schlecht ausgeleuchteten Bereich innerhalb des Kasernenzauns herumschleicht.

Du sprichst die Person an, gibst dich zu erkennen und forderst die Person auf, sich langsam auf dich und deinen Streifenkameraden zuzubewegen. Diese Maßnahme des Anhaltens und Überprüfung der Personalien wäre rechtmäßig gemäß dem obigen Prüfschema.

§ 5 Weitere Personenüberprüfung

Die weitere Personenüberprüfung wird notwendig, wenn sich die kontrollierte Person in der vorangegangenen Personenüberprüfung nicht ausweisen konnte oder die Aufenthaltsberechtigung nicht sicher ist. In diesem Fall bist du befugt, die Person zum Wachvorgesetzten zu bringen oder diesen zu dir zu rufen. Der Wachvorgesetzte setzt sich in der Regel mit der Polizei in Verbindung und lässt so die Identität prüfen, wenn eine weitere Prüfung durch den Vorgesetzten zu keinem Erfolg führt. Um zu prüfen, ob du eine weitere Personenüberprüfung durchführen darfst, orientiere dich einfach an diesem Prüfschema:

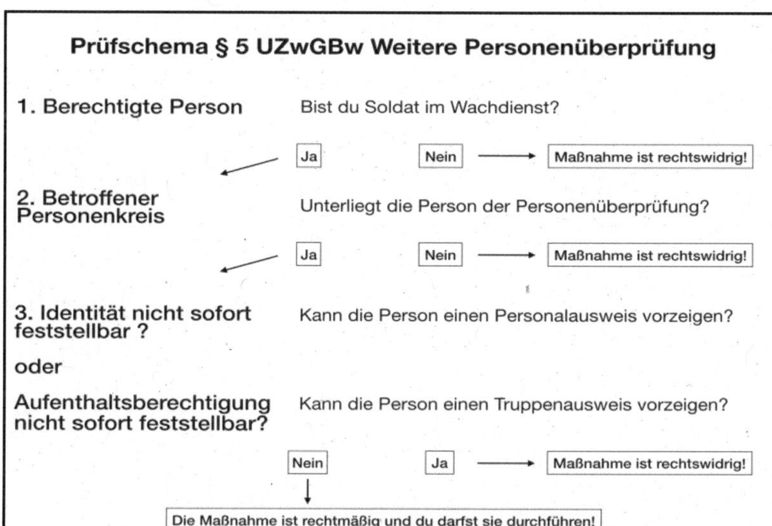

Fallbeispiel

Wir setzen das vorherige Fallbeispiel weiter fort und die angesprochene Person kann sich nicht ausweisen und kann weiter auch keine Berechtigung zum Aufenthalt in der Kaserne vorlegen. Die Person macht keine weiteren Angaben. Du informierst über Funk den Offizier vom Wachdienst (OvWa) und erhältst den Befehl, die Person ins Büro des OvWa zu bringen, um dort weitere Maßnahmen treffen zu können. Diese Maßnahme der weiteren Personenüberprüfung wäre rechtmäßig gemäß dem obigen Prüfschema.

Merke: Der Vollständigkeit halber erwähne ich hier auch noch den Paragrafen 6 des UZwGBw, der die vorläufige Festnahme regelt. Für dich als – vorerst nur – Soldat im Wachdienst ist dieser jedoch nicht relevant, da die vorläufige Festnahme innerhalb der Kaserne nur durch den OvWa ausgesprochen und durchgesetzt werden darf.

§ 7 Durchsuchung und Beschlagnahme

§ 7 Abs. 1 UZwGBw: Durchsuchung

Die Durchsuchung einer Person kann durch den OvWa oder auch durch dich als Wachsoldat in einer Streife durchgeführt werden. Ausschlaggebend für eine Durchsuchung ist, dass die zu durchsuchende Person einer Straftat gegen die Bundeswehr verdächtigt wird, Gefahr im Verzug (Eilbedürftigkeit) besteht und die Durchsuchung dem Auffinden von möglichen Beweismitteln dient. Um zu prüfen, ob du eine Durchsuchung durchführen darfst, orientiere dich einfach am Prüfschema auf der nächsten Seite.

Fallbeispiel

Wir setzen das vorherige Fallbeispiel weiter fort und eine andere Wachstreife meldet dem OvWa über Funk, ein Loch im Kasernenzaun gefunden zu haben. Der OvWa stellt fest, dass das Loch im Zaun nicht weit von dem Ort entfernt ist, an dem du die Person angehalten und überprüft hast.

Es ist naheliegend, dass die Person sich durch das eventuell selbst in den Zaun geschnittene Loch unerlaubt Zugang zur Kaserne verschafft hat. Es konnte auch in weiteren Überprüfungen keine Personalien festgestellt werden und es steht der Verdacht des Hausfriedensbruchs im Raum. Der

OvWa befürchtet, mögliche Werkzeuge der Person könnten abhandenkommen und befielt dir daher, den Rucksack und die Taschen der Person nach möglichen Beweismitteln zu durchsuchen. Diese Maßnahme der Durchsuchung wäre rechtmäßig gemäß diesem Prüfschema:

Prüfschema § 7 Abs. 1 UZwGBw Durchsuchung

1. Berechtigte Person

Bist du Soldat im Wachdienst?

Ja — Nein → Maßnahme ist rechtswidrig!

2. Betroffener Personenkreis

Unterliegt die Person der Personenüberprüfung?

Ja — Nein → Maßnahme ist rechtswidrig!

3. Straftat gegen die Bundeswehr

Straftat gegen Personal, Material, MB/MSB oder Geheimhaltung?

Ja — Nein → Maßnahme ist rechtswidrig!

4. Verdacht

Ist die Person der Straftat gegen die Bundeswehr verdächtigt?

Ja — Nein → Maßnahme ist rechtswidrig!

5. Gefahr im Verzug

Besteht die Gefahr, die Person könne Beweismittel verschwinden lassen?

Ja — Nein → Maßnahme ist rechtswidrig!

6. Auffinden von Beweismitteln

Dient die Durchsuchung dem Auffinden von Gegenständen, welche als Beweismittel für die Straftat gegen die Bundeswehr verwendet werden könnten?

Ja — Nein → Maßnahme ist rechtswidrig!

Ja ↓

Die Maßnahme ist rechtmäßig und du darfst sie durchführen!

§ 7 Abs. 2 UZwGBw: Beschlagnahme

Sollten bei der Durchsuchung von Personen Gegenstände gefunden werden, die als mögliche Beweismittel einer Straftat gegen die Bundeswehr betrachtet werden können, ist es rechtmäßig, diese zu beschlagnahmen. Um zu prüfen, ob du eine Beschlagnahme durchführen darfst, orientiere dich einfach an diesem Prüfschema:

Prüfschema § 7 Abs. 2 UZwGBw Beschlagnahme

1. Berechtigte Person – Bist du Soldat im Wachdienst?

Ja ↙ | Nein → Maßnahme ist rechtswidrig!

2. Betroffener Personenkreis – Unterliegt die Person der Personenüberprüfung?

Ja ↙ | Nein → Maßnahme ist rechtswidrig!

3. Straftat gegen die Bundeswehr – Straftat gegen Personal, Material, MB/MSB oder Geheimhaltung?

Ja ↙ | Nein → Maßnahme ist rechtswidrig!

4. Verdacht – Ist die Person der Straftat gegen die Bundeswehr verdächtigt?

Ja ↙ | Nein → Maßnahme ist rechtswidrig!

5. Gefahr im Verzug – Besteht die Gefahr, die Person könne Beweismittel verschwinden lassen?

Ja ↙ | Nein → Maßnahme ist rechtswidrig!

6. Bestimmte Gegenstände – Können die bei der Durchsuchung gefundenen Gegenstände Beweismittel für die Straftat gegen die Bundeswehr sein?

Ja ↓ | Nein → Maßnahme ist rechtswidrig!

Die Maßnahme ist rechtmäßig und du darfst sie durchführen!

Fallbeispiel
Wir setzen das vorherige Fallbeispiel fort und du findest bei der Durchsuchung des Rucksacks der aufgegriffenen Person eine Kneifzange. Du weißt, dass diese Zange geeignet wäre, ein Loch in den Zaun zu schneiden und sich damit unerlaubt Zugang zum Kasernengelände zu verschaffen. Nimmst du der Person dieses mögliche Beweismittel nicht ab und beschlagnahmst es, könnte sie diese Zange verschwinden lassen. Diese Maßnahme der Beschlagnahme wäre rechtmäßig gemäß dem obigen Prüfschema.

Merke: Der Vollständigkeit halber will ich auch den Paragrafen 8 des UZwGBw kurz anschneiden und dir zeigen, dass auch eine Durchsuchung aufgrund allgemeiner Anordnung durchgeführt werden kann. Diese Anordnung erlässt jedoch der Kasernenkommandant nur, wenn es aus Gründen der militärischen Sicherheit unerlässlich ist.

§ 14 Fesselung

Die Fesselung einer Person kann nötig werden, wenn von der Person eine Gefahr für sie selbst, dich oder andere Kameraden ausgeht. Dies beinhaltet Widerstand der Person gegen getroffene Maßnahmen, Angriffs- oder Fluchtgefahr sowie die Gefahr des Suizids der Person.

Grundsätzlich muss die Person bereits der weiteren Personenüberprüfung nach § 5 UZwGBw oder der vorläufigen Festnahme durch den OvWa nach § 6 UZwGBw unterliegen, die Fesselung muss angedroht werden und du musst immer verhältnismäßig handeln!

Eine berechtigte Frage ist, was **verhältnismäßig** bedeutet. Einfach gesagt bedeutet es, nur das Mittel zu verwenden, das unbedingt nötig ist. Genauer gesagt beinhaltet die Verhältnismäßigkeit drei Kriterien, die du dir anhand der Buchstabenkombination G-E-A gut merken kannst:

- **G**eeignet: jedes zwecktaugliche Mittel
- **E**rforderlich: das mildeste zwecktaugliche Mittel
- **A**ngemessen: kein krasses Missverhältnis zwischen Schaden und Erfolg

Aus dieser Definition lässt sich, wie du im unteren Bild erkennen kannst, eine Art Trichter an Möglichkeiten erstellen. Dadurch bleibt am Ende nur eine verhältnismäßige Maßnahme übrig.

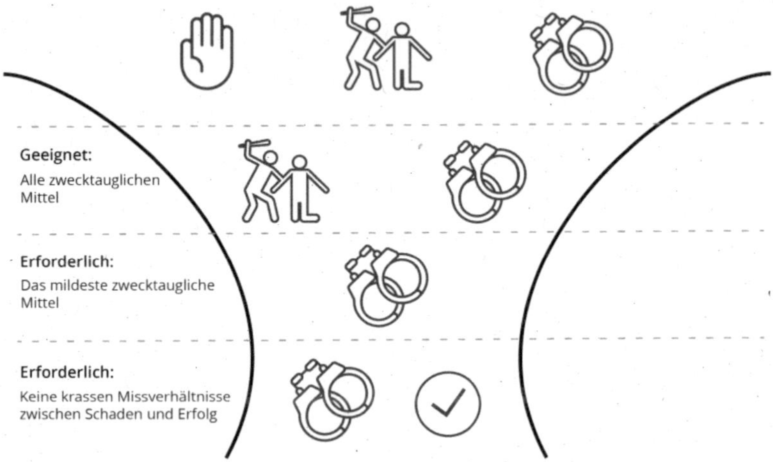

Quelle: Freepik, www.flaticon.com

Sehen wir uns die Verhältnismäßigkeit und die Fesselung nach § 14 UZwGBw einfach direkt anhand des letzten Fallbeispiels an.

Fallbeispiel

Natürlich setzen wir unseren Fall weiter fort. Der OvWa entschließt sich auf Grund der eventuellen Straftat gegen die Bundeswehr, die Polizei zu verständigen. Während diese auf dem Weg zur Kaserne ist, erkennt die aufgegriffene Person den Ernst der Lage und versucht sich gewaltsam der Situation zu entziehen. Die Person greift dich und den OvWa tätlich an. Du ringst die Person zu Boden, wobei diese sich wehrt. Auch nach mehrmaliger Aufforderung, den Widerstand einzustellen und der Androhung der Fesselung hört diese nicht auf. Daraufhin fesselst du die Person auf den Befehl des OvWa hin, bis du sie an die Polizei übergibst.

Gemäß dem jetzt folgenden Prüfschema für § 14 UZwGBw zeigt sich, dass die Fesselung rechtmäßig war. Vorab ist eine genaue Erklärung der Verhältnismäßigkeit angebracht, natürlich nach dem Merkwort **G-E-A**:

- **Geeignet – jedes zwecktaugliche Mittel**: Die Fesselung ist ein geeignetes Mittel, um den Angriff zu unterbinden.
- **Erforderlich – das mildeste zwecktaugliche Mittel**: Stellst du dir die Fesselung, dauerhaften körperlichen Zwang oder Bedrohung der Person mit der Schusswaffe vor, sollte einleuchten, dass alle drei Maßnahmen zwecktauglich wären, die Fesselung jedoch das mildeste zwecktaugliche Mittel ist.
- **Angemessen – kein krasses Missverhältnis zwischen Schaden und Erfolg**: Die Einschränkung der Bewegungsfreiheit steht in keinem krassen Missverhältnis zur Verhinderung eines erneuten Angriffs oder Flucht, sowie zur Aufklärung der Straftat gegen die Bundeswehr.

Nun, wo du alle Bestandteile des Prüfschemas kennst, hier das Prüfschema für § 14 UZwGBw:

Prüfschema § 14 UZwGBw Fesselung

1. Berechtigte Person

Bist du Soldat im Wachdienst?

Ja ↙ | Nein → Maßnahme ist rechtswidrig!

2. Person unterliegt:

Weiterer Personenüberprüfung nach § 5 UZwGBw

Hast du die Person bereits aufgefordert, dir zum OvWa zu folgen oder ist der OvWa auf dem Weg zu dir?

oder

Vorläufiger Festnahme Nach § 6 UZwGBw

Hat der OvWa die Person bereits vorläufig festgenommen?

Ja ↙ | Nein → Maßnahme ist rechtswidrig!

3. Fesselungsgrund

Leistet die Person **Widerstand** oder geht von ihr die Gefahr der **Flucht**, eines **Angriffs** oder gar des **Suizids** aus?

Ja ↙ | Nein → Maßnahme ist rechtswidrig!

4. Verhältnismäßigkeit

Ist die Fesselung das **mildeste zwecktaugliche Mittel**, um die Situation zu bewältigen und steht sie in **keinem krassen Missverhältnis** zur Beeinträchtigung der Person?

Ja ↙ | Nein → Maßnahme ist rechtswidrig!

5. Androhung

Hast du der Person die Fesselung angedroht und ihr Gelegenheit gegeben, darüber nachzudenken?

Ja ↓ | Nein → Maßnahme ist rechtswidrig!

Die Maßnahme ist rechtmäßig und du darfst sie durchführen!

§§ 9 und 15 UZwGBw

Die Paragrafen 9 und 15 des UZwGBw Anwendung des unmittelbaren Zwangs und Schusswaffengebrauch sind für den Anfang zu umfangreich. Dennoch sind sie sehr wichtig und ich fasse sie so kurz wie möglich zusammen.

§ 9 UZwGBw: Anwendung des unmittelbaren Zwangs
Du bist als Wachsoldat im MSB befugt, unmittelbaren Zwang zur

- Verhinderung einer Straftat gegen die Bundeswehr,
- Beseitigung sonstiger rechtswidriger Störungen oder
- Durchsetzung besonderer Befugnisse anzuwenden.

§ 15 UZwGBw: Schusswaffengebrauch
Der Schusswaffengebrauch gegen Personen ist streng reglementiert und beinhaltet strenge Vorgaben und darüber hinaus mehrere Sperrtatbestände (§ 16 UZwGBw), welche eine Nutzung der Schusswaffe verbieten.
Der Schusswaffengebrauch ist nur erlaubt, wenn

- andere Maßnahmen der körperlichen Gewalt erfolglos angewendet wurden oder keinen Erfolg versprechen,
- der Waffeneinsatz gegen Sachen (Autos etc.) erfolglos angewendet wurden oder keinen Erfolg versprechen oder
- der Angreifer angriffs- oder fluchtunfähig geschossen wird.

Der Schusswaffengebrauch ist verboten, wenn

- der Angreifer gezielt getötet wird,
- wahrscheinlich erkennbar Unbeteiligte gefährdet werden oder
- das Ziel dem äußeren Anschein nach ein Kind ist.

Merke: Der Schusswaffengebrauch ist das allerletzte Mittel und in der Regel nur verhältnismäßig, wenn eine Gefahr für Leib und Leben eines Menschen besteht.

Waffen

Als Soldat gehören bestimmte Waffen und auch Waffensysteme – abhängig von deiner Verwendung – zu deinem Handwerkszeug. Wie du bereits im Kapitel „Teilstreitkräfte und Organisationsbereiche" gelernt hast, ist der Hauptauftrag der Bundeswehr die Verteidigung der Landesgrenzen. Dieser Auftrag ist im Ernstfall nur durch den Einsatz von Waffen zu gewährleisten. Genauso verhält es sich mit einem Auslandseinsatz, die Waffe dient der Selbstverteidigung. In diesem Kapitel lernst du die wichtigsten Waffen und Sicherheitsregeln kennen.

Grundlegende Sicherheitsregeln

Bevor wir zur ersten Waffe kommen, lege ich dir die folgenden vier grundlegenden Sicherheitsregeln ans Herz. Diese werden in der Ausbildung immer wieder abgefragt und vor jedem Schießen durch Wiederholung ins Gedächtnis gerufen. Hältst du dich an diese Regeln, vermeidest du Schießunfälle und zwingst dich selbst zur Disziplin an der Waffe – lerne sie also auswendig!

<u>Die vier Sicherheitsregeln</u>

1. Jede Waffe ist immer als geladen zu betrachten!

2. Ziele nur auf das, was du auch treffen willst!

3. Der Abzugsfinger berührt den Abzug erst, wenn die Visiereinrichtung auf das Ziel gerichtet ist. Verlässt die Visiereinrichtung das Ziel, verlässt auch der Abzugsfinger den Abzug und wird lang am Gehäuse abgelegt.

4. Sei dir deines Zieles immer sicher!

Sturmgewehr G36

Das Sturmgewehr G36 von Heckler & Koch ist das Standardgewehr der Bundeswehr und jeder Soldat wird in seiner Grundausbildung an dieser Waffe ausgebildet. Das Kaliber ist mit 5,56 x 45 mm dem NATO-Standard entsprechend und aufgrund der beidseitigen Sicherung und Verschlussbedienbarkeit ist das G36 für Rechts- und Linkshänder geeignet.

Das Gewehr G36 ist eine automatische Waffe, das heißt mit einer Betätigung des Abzugs verschießt die Waffe entweder einen oder mehrere Schüsse, je nach Einstellung des Sicherungshebels. Das Funktionsprinzip des G36 ist ein Gasdrucklader, was bedeutet, dass die Zuführung einer neuen Patrone nach der Schussabgabe mittels Gasdrucks erfolgt. Verlässt das Geschoss bei Schussabgabe das Rohr, wird ein Teil der geschosstreibenden Gase im Rohr über eine Gasabnahme zurückgeleitet und somit der Verschluss zurückgedrückt. Die alte Patronenhülse wird ausgeworfen und eine neue zugeführt. So ergibt sich eine mögliche Schusszahl pro Minute (Kadenz) von 750 Schuss.

Quelle: DomoK, SSG VINCENT A KING, USA, CC BY-SA 4.0 via Wikimedia Commons

Für den effektiven Kampf auf verschiedenste Entfernungen ist das G36 mit zwei verschiedenen Visiereinrichtungen ausgestattet. Für den Kampf auf größere Entfernungen dient das Zielfernrohr (ZF) mit einer dreifachen Vergrößerung als Zielhilfe. Im Kampf auf Entfernungen von 100 Meter bis in den Nahbereich dient das Reflexvisier mit seinem Leuchtpunkt als Hauptkampfvisier. Dieses ist besonders praktisch, da du mit beiden geöffneten Augen zielen und zeitgleich dein Umfeld bestmöglich wahrnehmen kannst.

Technische Daten

Allgemeines	
Funktionsprinzip	Gasdrucklader
Kaliber	5,56 x 45 mm
Kadenz	720 Schuss/Minute
Anfangsgeschwindigkeit (V0)	920 m/s
Visiereinrichtung	1. Zielfernrohr (ZF) mit dreifacher Vergrößerung 2. Reflexvisier
Maximale Kampfentfernung	500 m
Magazinkapazität	30 Patronen

Abmessungen	
Länge	Schulterstütze ausgeklappt: 1.002 mm Schulterstütze eingeklappt: 755 mm
Breite	65 mm
Höhe	323 mm
Rohrlänge	480 mm

Gewicht	
Waffe	3.630 g
Magazin	140 g

Pistole P8

Die Pistole von Heckler & Koch ist die Standard-Sekundärwaffe für den Großteil der Streitkräfte. Ihre Handhabung und das Schießen mit ihr wird nicht in jeder Grundausbildung vermittelt. Meistens wird diese Ausbildung in der späteren Stammeinheit in der Spezialgrundausbildung (SGA) oder der entsprechenden Dienstpostenausbildung (DPA) durchgeführt.

Das Kaliber ist mit 9 x 19 mm deutlich größer, aber kürzer. Dies führt in Kombination mit der Visiereinrichtung, bestehend aus Kimme und Korn, zu einer deutlich kürzeren Kampfentfernung von maximal 50 Metern, sprich die Kurzdistanz beziehungsweise der Nahbereich.

Im Gegensatz zum Gasdrucklader G36 ist die P8 ein Rückstoßlader was bedeutet, dass bei einer Schussabgabe der Verschluss nach hinten gleitet, die alte Patronenhülse auswirft und durch den Druck der Schließfeder wieder nach vorne geführt wird. Bei dieser Vorwärtsbewegung des Verschlusses wird eine neue Patrone zugeführt.

Die Pistole P8 ist halbautomatisch und somit nur für Einzelfeuer konzipiert. Die Kadenz hängt also vom Abzugsverhalten des Schützen ab.

Quelle: Realn3rd, CC BY-SA 4.0 via Wikimedia Commons

Technische Daten

Allgemeines	
Funktionsprinzip	Rückstoßlader
Kaliber	9 x 19 mm
Anfangsgeschwindigkeit (V0)	360 m/s
Visiereinrichtung	Kimme und Korn
Maximale Kampfentfernung	50 m
Magazinkapazität	15 Patronen

Abmessungen	
Länge	195 mm
Breite	38,5 mm
Höhe	135 mm
Rohrlänge	108 mm

Gewicht	
Waffe	3.630 g
Magazin	140 g

Maschinengewehr MG3

Das Maschinengewehr MG3 von Rheinmetall ist das Standardmaschinengewehr der Bundeswehr. Es ist eine vollautomatische Waffe, welche nur im Dauerfeuer eingesetzt werden kann. Das Kaliber 7,62 x 51 mm entspricht dem NATO-Standard und sorgt mit der Kadenz von 1.200 Schuss pro Minute für eine beachtliche Waffenwirkung auf eine Entfernung von bis zu 600 Metern. Allerdings wird das MG3 mit einer offenen Visierung (Kimme und Korn) ausgestattet und somit nicht als Präzisions-, sondern als Unterstützungswaffe zum Niederhalten von Feinden genutzt.

Das MG3 ist ein Rückstoßlader, was bedeutet, dass der Verschluss nach hinten gestoßen wird, auf diesem Weg die alte Patronenhülse auswirft und auf dem Weg zurück nach vorne die neue Patrone ins Patronenlager einführt.

Das Standardmaschinengewehr wird in beinahe allen Teilstreitkräften und Organisationsbereichen als schwere Waffe zur Unterstützung von abgesessenen Kräften, zur Fliegerabwehr oder der Bewaffnung von Fahrzeugen, an Land, in der Luft und zu See verwendet.

Quelle: KrisfromGermany, CC BY-SA 4.0 via Wikimedia Commons

Technische Daten

Allgemeines	
Funktionsprinzip	Rückstoßlader
Kaliber	7,62 x 51 mm
Kadenz	1.200 Schuss/Minute
Anfangsgeschwindigkeit (V0)	820 m/s
Visiereinrichtung	Kimme und Korn
Maximale Kampfentfernung	600 m
Gurtkapazität	abhängig von der Länge des Gurtes

Abmessungen	
Länge	1.225 mm
Rohrlänge	565 mm

Gewicht	
Waffe	11,5 kg
Gurt	abhängig von der Länge des Gurtes

Maschinengewehr MG5

Das Maschinengewehr MG5 von Heckler & Koch ist in der Truppe zwar bis jetzt nicht flächendeckend verbreitet, jedoch wird es das MG3 als Standard-MG der Bundeswehr ablösen. Aus diesem Grund zeige ich dir in diesem Teil die relevanten Unterschiede zwischen MG3 und MG5 auf.

Quelle: Bes-ART, CC BY-SA 4.0 via Wikimedia Commons

Das Kaliber der beiden MGs ist mit 7,62 x 51 mm NATO immer noch dasselbe. Jedoch ändert sich mit dem Hersteller auch das Funktionsprinzip. Das MG5 wird nicht mittels Rückstoßes „angetrieben", sondern ist nach dem Prinzip des Gasdruckladers konzipiert, wie ich es bereits im Teil zum G36 beschrieben habe. Ein weiterer Unterschied zeigt sich im Rohr der MGs. Das MG3 ist mit einem Polygon-Rohr, das MG5 mit einem Rohr mit Zügen und Feldern ausgestattet. Zur Erklärung hier ein Querschnitt der beiden Rohrtypen. Du musst dir beide Querschnitte nicht gerade im Rohr, sondern über die Länge des Rohres in sich gedreht vorstellen.

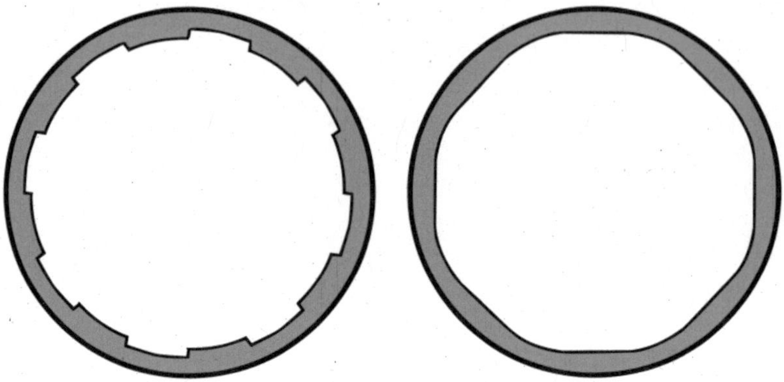

Rohr mit Zügen und Feldern Polygonrohr

Das Polygonrohr ist nicht rund, sondern leicht oval. Das Geschoss berührt also nicht überall das Rohr, sondern durch die ovale Form des Rohres zieht ein Teil der Pulvergase am Geschoss vorbei und versetzt dieses somit in Drall. Im Rohr mit Zügen und Feldern berührt das Geschoss das Rohr rundherum an den Feldern. Die Züge bilden den Raum, durch den die Pulvergase ziehen und damit das Projektil in Drall versetzen. Durch den erzeugten Drall wird das Geschoss in der Luft – ähnlich wie ein Football im Flug – stabilisiert und damit die Präzision der Waffe erhöht.

Ein weiterer Unterschied ist die Geschwindigkeit des Rohrwechsels. Nach einer bestimmten Schusszahl muss das Rohr beider Waffen gewechselt werden, wobei dieser Rohrwechsel beim MG5 deutlich schneller und einfacher durchgeführt werden kann.

Der letzte Unterschied ist – neben der verstellbaren Kadenz des MG5 – die Visiereinrichtung. Während das MG3 „nur" eine offene Visierung mit Kimme und Korn aufweist, zielst du als MG5 Schütze durch ein Zielfernrohr (ZF) mit vierfacher Vergrößerung und einem einblendbaren Leuchtpunkt.

Technische Daten

Allgemeines	
Funktionsprinzip	Gasdrucklader
Kaliber	7,62 x 51 mm
Kadenz	je nach Einstellung 680/740/800 Schuss/Minute
Anfangsgeschwindigkeit (V0)	820 m/s
Visiereinrichtung	Zielfernrohr-Vergrößerung und einblendbarer Leuchtpunkt
Maximale Kampfentfernung	600 m
Gurtkapazität	abhängig von der Länge des Gurtes

Abmessungen	
Länge	Schulterstütze ausgeklappt: 1.202 mm Schulterstütze eingeklappt: 960 mm
Breite	127 mm
Höhe	241 mm
Rohrlänge	550 mm

Das NATO-Alphabet

Alle Armeen dieser Welt nutzen Funk, um fernmündlich zu kommunizieren. Die Verbindung zwischen Truppe und Führung ist eine elementare Voraussetzung für das Gelingen eines jeden militärischen Vorhabens. Deshalb hat die Bundeswehr eine eigene Vorschrift für Funkbetrieb beziehungsweise die dazu gehörige Funkbetriebssprache.

Bei schlechter Verbindung oder Nutzung von Verschleierungstechniken im Funk ist es häufig nicht möglich, komplexe Wörter zu übermitteln. Deshalb ist es nötig, Wörter so klar und deutlich wie möglich zu buchstabieren oder Code-Stücke zu übermitteln.

Da die Bundeswehr als NATO-Mitglied in der Lage sein muss, international zu kommunizieren, wird hierfür kein deutsches, sondern ein englischsprachiges Alphabet genutzt, das NATO-Alphabet.

Das NATO-Alphabet

Buchstabe	NATO-Name	Aussprache	Buchstabe	NATO-Name	Aussprache
A	Alpha	[ˈælfa]	**N**	November	[noˈvembə]
B	Bravo	[ˈbra:ˈvo]	**O**	Oscar	[ˈɔ:skɑ]
C	Charly	[ˈtʃɑ:li]	**P**	Papa	[pəˈpɑ]
D	Delta	[ˈdeltɑ]	**Q**	Quebec	[keˈbek]
E	Echo	[ˈeko]	**R**	Romeo	[ˈro:mi.o]
F	Foxtrott	[ˈfɔkstrɔt]	**S**	Sierra	[siˈerɑ]
G	Golf	[gʌlf]	**T**	Tango	[ˈtængo]
H	Hotel	[ho:ˈtel]	**U**	Uniform	[ˈju:nifɔ:m]
I	India	[ˈindi.ɑ]	**V**	Victor	[ˈviktɑ]
J	Juliet	[ˈdʒu:li.ˈet]	**W**	Wiskey	[ˈwiski]
K	Kilo	[ˈki:lo]	**X**	X-Ray	[ˈeksˈrei]
L	Lima	[ˈli:mɑ]	**Y**	Yankie	[ˈjænki]
M	Mike	[mɑik]	**Z**	Zulu	[ˈzu:lu:]

Geld- und Sachbezüge

In diesem Kapitel werde ich dir die Basics rund um das Thema Geld und Bezahlung näherbringen. Wir gehen auf die verschiedenen Bezahlungsarten und für dich relevanten Zulagen ein, sehen uns die truppenärztliche Versorgung an und klären, wie viel Urlaub dir zusteht. Du bekommst die aktuelle Besoldungstabelle und einen Zeitstrahl, der dir helfen wird, abzuleiten, wann du in deine nächste Erfahrungsstufe aufsteigen wirst. Im Abschnitt „Bezahlung“ schreibe ich über die verschiedenen Dienstverhältnisse. Solltest du diesbezüglich Fragen haben, findest du die Antworten mit Sicherheit im Kapitel „Dienstverhältnisse eines Soldaten“.

Bezahlung

Die **Bezahlungsarten** der Bundeswehr begründen sich aus den verschiedenen Gesetzen, die die Bezahlung der Soldaten in den verschiedenen Dienstverhältnissen beschreiben und vorgeben. Der Einfachheit halber beschränken wir uns in diesem Abschnitt auf den Wehrsold, die Reservedienstleistungsprämie und die Besoldung.

Als **Wehrsold** wird die Bezahlung für Freiwillig Wehrdienstleistende bezeichnet. Die Grundlage für diese Art der Bezahlung liefert das Wehrsoldgesetz (WSG).

Als **Reservedienstleistungsprämie** wird die Bezahlung von Reservedienstleistenden bezeichnet. Die Grundlage für diese Art der Bezahlung liefert das **Unterhaltssicherungsgesetz (USG)**. Nach diesem Gesetz werden Reservedienstleistende nach der Dauer ihres Reservedienstes, das heißt nach der Zahl der Tage, an denen sie im aktiven Dienst sind, bezahlt.

Die **Besoldung** ist die „normale“ Bezahlung eines Soldaten im Dienstverhältnis eines Soldaten auf Zeit (SaZ) oder eines Berufssoldaten (BS) und ist im Bundesbesoldungsgesetz (BBesG) festgelegt. Hierbei ergibt sich die Höhe der Besoldung aus der Besoldungsgruppe und der Erfahrungsstufe des Soldaten. Die Besoldungsgruppe ist eine festgelegte Gruppierung abhängig vom Dienstgrad des Soldaten. Nach deinem Diensteintritt oder als Rekrut (solltest du bereits in der Grundausbildung sein) befindest du dich zum Beispiel in der Besoldungsgruppe A3. Die Besoldungsgruppen der übrigen Dienstgrade stehen im Unterkapitel „Darstellung der Dienstgrade“. Eine Übersicht über alle Besoldungsgruppen findest du hier: www.bundeswehr.de/de/betreuung-fuersorge/besoldung-versorgung-soldaten/besoldungstabelle-grundgehaelter-soldaten-beamte.

Die Erfahrungsstufe ist, wie der Name schon erahnen lässt, eine Einstufung, die die errungene Erfahrung und den damit verbundenen Mehrwert des Soldaten für die Bundeswehr honoriert. Da die Erfahrungsstufe vor allem in den höheren Stufen zu einer besseren Besoldung führt, findest du im Folgenden einen Zeitstrahl, der dir den Aufstieg in den Erfahrungsstufen vereinfacht darstellt:

Ernennung -> + zwei Jahre -> + drei Jahre -> + drei Jahre -> + drei Jahre -> + vier Jahre -> + vier Jahre -> + vier Jahre -> = 23 Jahre

Weitere Bezüge

Die Bundeswehr bietet, wie du bereits aus dem Kapitel „Teilstreitkräfte und Organisationsbereiche“ weißt, zahlreiche Verwendungsmöglichkeiten. Viele Teilbereiche der Bundeswehr verlangen von ihren Angehörigen mehr als normalen Bürodienst. Diese außerordentliche Belastung wird daher manchmal für alle Soldaten und manchmal nur für bestimmte Personenkreise mit besonderen Zulagen oder Sonderzahlungen bedacht. Im Folgenden stelle ich dir die gängigsten und häufigsten Zahlungen vor. Bitte bedenke, dass sich die Gesetzgebung in diesem Zusammenhang immer wieder ändert. Ich kann daher nicht für eine Aktualität garantieren und möchte dir mit diesem Abschnitt einen groben Einblick in das ermöglichen, was dir unter Umständen zusteht.

Trennungsgeld

Das Trennungsgeld soll deine Trennung von zu Hause monetär aufwiegen. Im Klartext bedeutet es, dass du immer, wenn du Lehrgänge besuchst, abgeordnet, kommandiert oder versetzt wirst und du dich infolgedessen nicht an deinem Wohnort befindest, dafür entschädigt wirst.

Umzugskostenvergütung

Solltest du als Soldat an einen anderen Dienstort versetzt werden und nicht trennungsgeldberechtigt sein, übernimmt die Bundeswehr deine

Umzugskosten, Reisekosten zur Wohnungs- oder Hausbesichtigung oder sonstige mit dem Umzug verbundene Kosten.

Familienzuschlag und Kindergeld

Abhängig von deinen familiären Verhältnissen zahlt dir die Bundeswehr Familienzuschläge, abhängig von der Anzahl der Kinder oder der Heirat. Vergleichbar mit dem gesetzlichen Kindergeld unterstützt dich die Bundeswehr also auch bei der Versorgung eventuellen Nachwuchses, wobei sich die Höhe des Zuschlags mit steigender Zahl der Kinder erhöht.

Familienheimfahrt

Wirst du abkommandiert, beispielsweise auf Lehrgänge, stehen dir abhängig von deinem Familienstand Familienheimfahrten, das heißt bezahlte Rückreisen vom Dienstort zum Heimatort zu. Für Ledige ist es eine Heimfahrt pro Monat, für Verheiratete zwei. Ebenfalls ist es möglich, die Familie im Zuge dieser Familienheimfahrt zum Dienstort zu holen.

Freie Heilfürsorge

Der zentrale Sanitätsdienst der Bundeswehr stellt nicht nur die Sanitätsversorgung im Auslandseinsatz sicher, sondern ist auch für die ärztliche Versorgung aller Soldaten im Inland zuständig. Daher liegt die Versorgung aller Soldaten in eigener Hand der Bundeswehr und jeder Soldat wird im Krankheitsfall durch eigene Ärzte der Bundeswehr behandelt. Die Behandlung erfolgt unentgeltlich.

Wirst du in der Grundausbildung krank, meldest du dich morgens „neukrank“ und gehst zu dem für deine Einheit zuständigen Sanitätsbereich. Solltest du am Wochenende krank werden und entfernt von deiner Stammeinheit wohnen, gibt es die Möglichkeit, dich „standortfremd neukrank“ zu melden. Solltest du kurzfristig so krank werden oder dich gar verletzen, dass eine augenblickliche Behandlung notwendig wird, steht dir natürlich auch der Weg in die Notaufnahme offen.

Wichtig: Falls du aus einem der oben genannten Gründe im Krankenhaus vorstellig werden solltest, unterschreibe nichts und vor allem keine Rechnungen, übermittle alle Rechnungen an die Kostenübernahme der freien Heilfürsorge.

Urlaub

Wie als Arbeitnehmer in einer zivilen Firma steht dir auch als Soldat Urlaub zu. Pro Jahr hast du 30 Tage Urlaub zur Verfügung. Die Entscheidung über die Gewährung deines Urlaubs obliegt deinem Disziplinarvorgesetzten, sprich deinem Kompaniechef. Sollte dieser deinen Urlaubsantrag ablehnen oder zurückziehen, benötigt er hierfür einen triftigen Grund, wie zum Beispiel großangelegte Übungen oder Auslandsvorbereitungen.

Aus der Praxis für die Praxis

In diesem letzten Kapitel versuche ich dir einen Ausblick in die ersten Wochen deines Dienstes zu ermöglichen und so viele Tipps wie möglich mit auf deinen Weg zu geben. Ich beginne beim Dienstantritt und beende das Kapitel mit einem kleinen Blick in die Zeit nach der Grundausbildung.

Bei der Bundeswehr gilt das Motto: **„Fünf Minuten vor der Zeit sind des Soldaten Pünktlichkeit."** Gewöhne dir also an, immer früher fertig oder am befohlenen Ort zu sein als gefordert. Das gilt auch für den Dienstantritt – sollte auf dem Einberufungsbescheid ein Zeitraum stehen, erscheinst du daher besser nicht kurz vor knapp.

Neben Pünktlichkeit lege ich dir auch Sauberkeit ans Herz. Gerade in der Grundausbildung wird viel Wert auf Ordnung und Sauberkeit gelegt, insbesondere deine Stube und Ausrüstung sollten stets nachbereitet werden. Dies gilt insbesondere für Geländetage!

Der Dienstantritt

Deine Grundausbildung beginnt bereits bei dir zu Hause mit Erhalt des Einberufungsbescheids. Darin sind Zeit und Ort deines Dienstantritts enthalten sowie ein paar Dinge, die du zum Dienstantritt mitbringen sollst. Diese Liste erweitere ich jetzt für dich und fasse alles zu einer Checkliste zusammen.

Checkliste für deinen Dienstantritt

Dokumente (griffbereit bei dir)

- ☐ Einberufungsbescheid (dient als Zutrittsberechtigung zur Kaserne)
- ☐ gültiger Personalausweis oder Reisepass
- ☐ Bankdaten (IBAN, BIC, Bankname und -adresse)
- ☐ Unterlagen zu Sozialversicherungen
- ☐ Fahrkartengutschein bei Anreise mit der Bahn (Soldaten reisen seit dem 01.01.2020 kostenlos, dafür ist jedoch die Uniform und ein „E-Token" nötig. Beides bekommst du erst nach dem Dienstantritt.)

- ☐ Impfbuch
- ☐ Ergebnisse ärztlicher Untersuchungen (wenn noch offen aus dem Einstellungstest)
- ☐ Bargeld/Handgeld für Einkäufe oder das Aufladen der Verpflegungskarte (solltest du SaZ werden)

<u>Kleidung (weniger ist mehr)</u>

- ☐ Sportbekleidung für drinnen und draußen (eigene Laufschuhe für draußen bieten sich besonders an)
- ☐ Wäsche
- ☐ Sport- oder Tennissocken (für unter die dienstlich gelieferten Socken)
- ☐ Waschzeug und ein Duschhandtuch

<u>Ausrüstung (kein Muss)</u>

- ☐ drei Vorhängeschlösser (für den Spind und das Privatfach)
- ☐ Stirnlampe mit Rotfilter und Feuerzeug (für das Biwak)
- ☐ Spannbänder mit Spiralhaken (für das Biwak)
- ☐ kleine Flasche Geschirrspülmittel (für die Reinigung des Essbestecks und des Feldessgeschirrs)
- ☐ große Papiermüllsäcke (für die NATO-Rolle und den Rucksack)
- ☐ Ohrstöpsel (für den Fall, dass deine Stubenkameraden schnarchen)
- ☐ 6B-Bleistift, Radiergummi und Spitzer

Die ersten Tage

Die ersten Tage sind geprägt von der Einschleusung und weiteren organisatorischen Maßnahmen. Du wirst eine ärztliche Untersuchung durchlaufen, einen Unterricht beim Rechnungsführer genießen und bei der Einkleidung deine Ausrüstung und Uniform erhalten. Außerdem wirst du in vielen Unterrichtsstunden lernen, was deine Rechte und Pflichten als Soldat sind, wie der deutsche Staat aufgebaut ist und was Befehl und Gehorsam ist – das sollte dir jetzt alles schon bekannt vorkommen!

In dieser Zeit kannst du nur durch Motivation und Aufmerksamkeit glänzen. Hier bietet sich die Beherrschung der Dienstgrade an, welche du im Kapitel „Dienstgrade der Bundeswehr" nachlesen und lernen kannst.

Die Kompanie

In der Grundausbildung spielt der Aufbau deiner Kompanie nur indirekt eine Rolle für dich, da dein Ansprechpartner in jedem Fall dein Gruppenführer ist. Dennoch solltest du schon einmal gehört haben, aus welchen „Abteilungen" eine Kompanie besteht und wer für was zuständig ist. Die Verwaltung in der Kompanie ist nach Führungs-Grundgebieten (FGG) aufgeteilt. Diese reichen vom FGG 1 bis FGG 6 (oder S1 bis S6), die für je einen Bereich zuständig sind.

FGG 1 / S1: Personal
Das Führungs-Grundgebiet 1 beinhaltet alle Personalangelegenheiten und wird durch den Personalfeldwebel (PersFw) geführt. Dieser bearbeitet beispielsweise deine Personalakte oder Versetzung, bereitet Beförderungsdokumente vor und ist Ansprechpartner für die Beantragung von Nebentätigkeiten oder Beihilfe durch die Wohnungsfürsorge.

FGG 2 / S2: Militärische Sicherheit
Das Führungs-Grundgebiet 2 beinhaltet alle Maßnahmen für die Aufrechterhaltung der militärischen Sicherheit. In der Kompanie wird diese Aufgabe durch den Sicherheitsbeauftragten erfüllt. Dieses FGG betrifft dich aber in der Regel nicht.

FGG 3 / S3: Ausbildung, Weiterbildung, Übung, Einsatz
Das Führungs-Grundgebiet 3 beinhaltet alle Maßnahmen, welche die Befähigung der Soldaten zum Einsatz umfassen. Das FGG 3 wird durch den Kompanietrupp (KpTrp) geführt. Dieser kümmert sich unter anderem um die Beantragung und Einsteuerung von Lehrgängen, bekleidet Schlüsselpositionen bei Übungsvorhaben und vieles mehr.

FGG 4 / S4: Materialbewirtschaftung
Das Führungs-Grundgebiet 4 beinhaltet die Bewirtschaftung des Materialbestands der Kompanie sowie den Nachschub. Der „Führer" des FGG 4 ist der Materialbewirtschaftungsfeldwebel (MatBewFw). Dieser hat das gesamte Lager sowie die Waffenkammer unter sich und kümmert sich um die Anforderung von neuem Material.

FGG 5 / S5: Zivil-Militärische Zusammenarbeit

Das Führungs-Grundgebiet 5 umfasst alle Maßnahmen und Absprachen zwischen Vertretern der Bundeswehr mit zivilen Organisationen und Behörden. Diese werden im Krisen- und Katastrophenfall notwendig. Beispiele hierfür sind das Elbe-Hochwasser 2013 oder die Schneemassen im südlichen Bayern 2019.

Jedoch verfügt eine Kompanie im Normalfall nicht über dieses FGG, da die Zusammenarbeit mit zivilen Behörden und Organisationen durch Stabsoffiziere wahrgenommen wird und deshalb durch das zuständige Landeskommando beziehungsweise andere höhere Dienststellen.

FGG 6: IT

Das Führungs-Grundgebiet 6 deckt die gesamte IT der Kompanie ab. Von der Administration des Kompanienetzwerks bis zur Hilfestellung bei Fragen ist der Kompanie-IT-Feldwebel (S6-Fw) der Ansprechpartner.

Weitere wichtige Personen für dich sind der Kompaniefeldwebel (Spieß), der Rechnungsführer (ReFü) und die Vertrauensperson (VP).

Der Kompaniefeldwebel (KpFw): Der Spieß

Der Spieß ist der Innendienst-Chef und quasi die rechte Hand des Kompaniechefs. Er ist unter anderem verantwortlich für die Vergabe der Stuben der Kompanie, für die Verpflegung der Soldaten im Gelände und ist für jeden in der Kompanie bei größeren Problemen die erste Anlaufstelle. Er ist als Innendienst-Chef auch für das Kompaniegebäude selbst und die Sauberkeit verantwortlich. Infolgedessen hat er Befehlsbefugnis nach Paragraf 3 der Vorgesetztenverordnung gegenüber allen Soldaten in der Kompanie, außer dem Kompaniechef, solange es seinen Aufgabenbereich betrifft.

Der Rechnungsführer (ReFü)

Wie du dir vermutlich schon denken kannst, ist der ReFü für die Bearbeitung aller Anträge auf Zahlungen zuständig. Er arbeitet somit Anträge auf Reisekostenerstattung, Familienheimfahrten, Trennungsgeld und vieles mehr ab. Der ReFü stellt sich dir in deiner Grundausbildung vor und füllt mit dir zusammen alle für dich relevanten Anträge aus. Erkundige dich bei ihm über alle Zahlungen, die dir zustehen – es lohnt sich!

Die Vertrauensperson (VP)
In jeder Kompanie gibt es eine Vertrauensperson für Mannschaften, Unteroffiziere und Offiziere. Die VP ist eine wichtige Ansprechperson bei Problemen jeglicher Art und mit mehreren Befugnissen ausgestattet, die es ihr erlauben, mit dem Kompaniechef konstruktive Lösungen zu erarbeiten.

Die Sportausbildung

In der Grundausbildung liegt der Schwerpunkt der Sportausbildung auf deiner Grundfitness für die Sporttests und den Gefechtsdienst. Ich gehe bei den Sporttests nicht allzu sehr ins Detail, sondern zeige dir nur, worauf es ankommt. Die Sporttests in der Grundausbildung sind:

- Deutsches Sportabzeichen (DSA)
- Basis-Fitness-Test (BFT)
- Combat-Fitness-Test (CFT)
- 300-Punkte-Test

Deutsches Sportabzeichen (DAS)
Das DSA deckt vier verschiedene Leistungsbereiche mit je mehreren Disziplinen ab. Diese Bereiche sind Schnelligkeit, Kraft, Ausdauer und Koordination. Aus jedem Bereich kannst du eine Disziplin frei auswählen, in der du an den Start gehst. Je nach Ergebnis erhältst du eine Einstufung von „Gold“ über „Silber“ und „Bronze“ bis „teilgenommen“.

Mein Tipp aus der Praxis: Selten ist genug Zeit im Dienstplan, um jedem Soldaten die Durchführung jeder beliebigen Disziplin zu ermöglichen. Erkundige dich vor dem ersten Test über die Disziplinen und finde heraus, welche dir am meisten zusagen. So absolvierst du nur deine Schokodisziplinen!

Basis-Fitness-Test (BFT)
Den BFT absolvierst du erstmals als Eingangstest und ein zweites Mal als Ausgangstest, um die Steigerung deiner körperlichen Leistungsfähigkeit dokumentieren zu können. Er besteht aus dem 11 x 10 Meter Sprinttest („Pendellauf“), dem Klimmhang und einem 1.000-Meter-Lauf. Die einzelnen Disziplinen ergeben einen Punktetest, anhand dessen du eine Note erhältst.

Mein Tipp aus der Praxis: Beim Sprinttest keine zu großen, sondern eher kleine und schnelle Schritte machen. Beim Klimmhang die Brust eng an die Stange bringen und nach Möglichkeit den Rücken zur Unterstützung nutzen.

Das DSA und der BFT sind als jährlich abzulegende individuelle Grundfertigkeiten (IGF) bereits lange in der Truppe. Nach und nach werden CFT und 300-Punkte-Test immer häufiger durchgeführt und sollen in nicht allzu ferner Zukunft die beiden alten Sporttests ablösen. Deshalb jetzt die beiden „neuen“.

Combat-Fitness-Test (CFT)

Der CFT ist, im Vergleich zu den beiden oben genannten, eher ein Test der militärischen Fitness. Das zeigt sich schon im Anzug, es ist nämlich kein bequemer Sportanzug, sondern der Feldanzug Grundform. Der Test besteht aus drei Teildisziplinen, dem 800-Meter-Lauf, dem „Munitionskisten-Stemmen“ und der „Bewegung auf dem Gefechtsfeld“.

Mein Tipp aus der Praxis: Stemme die Munitionskiste nicht bis zum kompletten Muskelversagen. Du hast zwei Minuten Zeit, um so viele Wiederholungen wie möglich zu absolvieren. Nimm dir rechtzeitig eine Pause von ein paar Sekunden und starte dann wieder zügig ins Stemmen. Bei der „Bewegung auf dem Gefechtsfeld“ ist es egal, ob du die Handgranate in das Zielgebiet wirfst oder vorbei, Liegestütze sind immer fällig. Schau der Granate nicht hinterher, sondern mach zügig weiter.

300-Punkte-Test

Dieser Test ist ebenfalls eher an die militärische Fitness angelehnt und wird nicht wie der CFT im Feldanzug, sondern im Feldanzug mit Schutzweste und Schutzhelm durchgeführt. Er beinhaltet jedoch keinen reinen Lauf, sondern nur eine „Bewegung auf dem Gefechtsfeld“, gefolgt vom Stemmen eines Kanisters auf eine erhöhte Ablage.

Mein Tipp aus der Praxis: Beim Stemmen des Kanisters am Ende kannst du etwas „Schwung holen“, indem du die Beine mitbenutzt. Sorge außerdem dafür, dass weder Weste noch Helm viel Spiel haben. Schnüre beide möglichst eng, so stört dich die Ausrüstung nicht bei der Belastung.

Solltest du anhand dieser Tests merken, dass du lieber noch etwas an deiner Fitness arbeiten möchtest, um für die AGA vorbereitet zu sein, empfehle ich dir wärmstens die Inhalte der Plakos Sporttest-Vorbereitung für die Bundeswehr. Hier findest du wertvolle Tipps und Tricks sowie Möglichkeiten für eine effektive Vorbereitung inklusive Trainingsplan: bundeswehr-einstellungstest.de/sporttest-bundeswehr/

Die Ausrüstung

Eben habe ich dir gezeigt, worauf es bei den Sporttests ankommt. Aber worauf kommt es im Gefechtsdienst an? Mach dich schnell mit deiner Ausrüstung vertraut. Der Schlüssel zum langfristigen Erhalt deiner Kampfkraft (und Motivation!) ist, sich das Leben so leicht wie möglich zu machen. Damit meine ich, dass du durch richtiges Ausrüstungsmanagement alle Ausrüstungsgegenstände, die du häufig brauchst, schnell griffbereit hast und dein Rucksack „richtig" gepackt ist. So sparst du Zeit, vermeidest unnötigen Stress und kannst stattdessen Kameraden helfen – sie werden es dir danken! Im Folgenden liste ich meine Tipps aus der Praxis auf.

NATO-Rolle

Eine NATO-Rolle ist eine komplette Wechselgarnitur deiner Uniform, zusammengelegt, ineinander eingerollt und in ein grünes Waschhandtuch eingewickelt. Diese Rolle wird anschließend mit einem dienstlich gelieferten Riemen verschnürt und letztlich in einen Müllsack verpackt, um eine Wetterfestigkeit zu garantieren (dafür die Mülltüten in der Checkliste).

Rucksack richtig packen

Natürlich packt jeder seinen Rucksack anders, jedoch bietet sich folgendes System an:

1. Kleide den Rucksack innen mit einer Mülltüte aus, um den gesamten Inhalt wetterfest zu machen.
2. Lege den Rucksack zum Packen auf die Rückenseite und verstaue die Mehrzweckunterlage sowie den Klappspaten in das jeweils vorgesehene Fach.
3. Verpacke zuerst die Zeltbahn, damit diese eng am Rücken getragen wird.

4. Verstaue weitere Gegenstände gleichmäßig rechts und links, damit später beide Schultern gleichmäßig belastet und Schonhaltungen vermieden werden.
5. Packe die wetterfeste NATO-Rolle möglichst tief und mittig in den Rucksack, diese stopft den Rucksack aus und verhindert Klappern und Wackeln. Das erhöht den Tragekomfort und dient der Geräuschdisziplin.
6. Stell den Rucksack auf und packe zum Schluss Gegenstände obenauf, die keinen allzu großen Druck vertragen (Verpflegung) oder die du häufig brauchst.
7. Den Schlafsack legst du bereits beim Packen des Rucksacks in den Biwak-Sack, rollst beide zusammen ein und verpackst sie im Schlafsack-Überzug. So brauchst du im Biwak nur den vorbereiteten wetterfesten Schlafsack in dein Zelt zu werfen und auszurollen – das spart Nerven!
8. Diesen Schlafsack-Überzug schnürst du mit allen drei Querriemen gleichmäßig zu und verpackst ihn ordentlich auf dem Deckelfach des Rucksacks. (Ein Schlafsack, der sich während des Marsches lockert oder ganz löst, zieht deine Aufmerksamkeit auf deine Ausrüstung. Du musst aber Sicherungsbereiche wahrnehmen oder Meldungen weitergeben – ich wiederhole, Ausrüstungsmanagement!)

Koppel vorbereiten

Das Koppel-Tragegestell dient der Befestigung von Magazin-, Mehrzweck-, ABC- oder Trinkflaschen-Taschen.

1. Befestige deine Mehrzwecktasche mittig an deinem Rücken. Da in ihr meistens das Feldessgeschirr verstaut wird und diese recht breit ist, kann sie als „Auflage“ für den Rucksack dienen und das Gewicht des Rucksacks verteilen.
2. Dreh deine Magazine eine Viertel-Umdrehung innerhalb der Magazintaschen. Die Magazintaschen sind in der Regel bereits älter und verschlissen oder neu und etwas steif. Durch dieses Ausdehnen der Taschen mit den Magazinen machst du es dir leichter, die Magazine zu ziehen und zu verstauen, wenn du sie im Gefechtsdienst oder beim Schießen brauchst.

Die Schießausbildung

Die Schießausbildung besteht, egal bei welcher Waffe, aus bestimmten Lernstufen. Vor deinem ersten scharfen Schuss genießt du folglich theoretischen Unterricht, gefolgt von Trockentraining und dem Schießen im AGSHP (Schießkino mit Druckluftwaffen).

Mein Tipp aus der Praxis: Trockentraining ist in der Grundausbildung durch nichts zu ersetzen! Du wirst die richtige und vorschriftsgemäße Handhabung der Waffe lernen.

Schnell ergibt sich irgendwann das „Vormucken“, sprich das eigenständige Weiterarbeiten in der befohlenen Reihenfolge beim Zerlegen und Zusammensetzen oder Ladetätigkeiten an der Waffe. Prinzipiell löblich, jedoch ist das langsame Erlernen der Tätigkeiten ausschlaggebend und führt später zu einer fehlerfreien Bedienung der Waffe. Durch das „Vormucken“ schleichen sich schnell Fehler ein, die später nur schwer wieder abtrainiert werden können. Folge in der Waffenausbildung dem Motto: **„Langsam wird sicher, sicher wird schnell.“** Bist du beim ersten scharfen Schießen, arbeite langsam und mit Bedacht die Schritte ab und achte immer auf die Mündung – Mündungsbewusstsein!

Die ABC-Ausbildung

Die ABC-Abwehr in der Bundeswehr umfasst alle Maßnahmen zur Abwehr von Kampfstoffen atomarer, biologischer oder chemischer Art. Im Zuge der Ausbildung wirst du auch in den sogenannten BAS-Stufen ausgebildet. Diese umfassen fünf Stufen (von 0 bis 4) und legen fest, in welchem Umfang du deine ABC-Schutzausstattung beziehungsweise deinen Schutzanzug Overgarment zu tragen hast. Dies dient dem Erhalt der Kampffähigkeit auch nach dem Einsatz von ABC-Kampfstoffen. Die BAS-Stufen sind wie folgt gegliedert:

- BAS 0: persönliche Schutzausstattung bei dir
- BAS 1: Jacke und Hose des Overgarment angezogen, Rest bei dir
- BAS 2: Jacke und Hose des Overgarment sowie Überziehschuhe angezogen, Rest bei dir
- BAS 3: komplette Schutzausstattung angezogen, ABC-Schutzmaske aufgesetzt, Kapuze aufgezogen

- BAS 4: komplette Schutzausstattung angezogen, ABC-Schutzmaske aufgesetzt, Kapuze aufgezogen und Poncho übergeworfen

Mein Tipp aus der Praxis: Das Anlegen der BAS-Stufen ist, genau wie das Aufsetzen der ABC-Schutzmaske, eine IGF-Leistung. Was IGF-Leistungen sind, kennst du aus dem Abschnitt „Die Sportausbildung" dieses Kapitels. Die maximale Zeit, die du brauchen darfst, um die ABC-Schutzmaske aufzusetzen, wird häufig geändert. Du solltest aber in der Lage sein, sie in wenigen Sekunden aufzusetzen. Deshalb solltest du deine Maske vorbereiten. Diese wird in deiner ABC-Tasche am Koppel-Tragegestell verstaut. Leg sie mit dem Filter nach oben so in die Tasche, dass du sie mit einer Hand herausnehmen und direkt auf dein Gesicht setzen kannst. Zieh das Stoffelement vor dem Verstauen der Maske über das Fenster für die Augen. Setzt du die Maske auf dein Gesicht, kannst du den Stoff mit der anderen Hand über deinen Kopf ziehen und anschließend mit beiden Händen die Schlaufen festziehen.

Das Biwak

Da dir das Wort Biwak vermutlich nicht viel sagen wird – so war es zumindest bei mir – hier eine kurze Erklärung: Das Wort Biwak stammt sowohl vom niederländischen Wort Biwake als auch vom französischen Bivouac. Das bedeutet in etwa so viel wie Aufbau und Betrieb eines Zeltlagers im Freien.

Nach dem Erreichen des Biwak-Raumes wird zuerst der Raum der Gruppe bezogen und ein Alarmposten ausgelegt. Anschließend werden parallel die Verteidigungsstellungen und der Platz der Gruppe errichtet. Der Platz der Gruppe umfasst die Zelte sowie die Feuerstelle. Beim Bau deines Zeltes kommt dir jetzt der Schlafsack zugute. Das Zelt ist schnell gebaut und du kannst wieder deine Kameraden unterstützen.

Das Biwak wird rund um die Uhr betrieben und bedarf ständiger Sicherung. Daher wird auch nachts ein Alarmposten besetzt, das Feuer bewacht und in der Regel eine Streife entsendet, um die Räume zwischen mehreren Gruppen zu überwachen.

Mein Tipp aus der Praxis: Wirst du mitten in der Nacht geweckt, weil du mit den oben genannten Aufträgen an der Reihe bist, bietet sich folgende Reihenfolge an: Streife – Alarmposten – Feuerwache. Warum? Aus Gründen des Temperaturerhalts ist es ratsam, im Schlafsack nur Unterwäsche zu tragen. Steigst du bei Minusgraden aus dem Schlafsack und hattest im Schlafsack deine komplette Ausrüstung an, frierst du im Freien und wärmst dich nur schwer wieder auf.

Um dich nach dem Aufstehen möglichst schnell aufzuwärmen, ist die Streife optimal, da du dich bewegen musst, zeitgleich wirst du wach und aufmerksam. Das hilft bei der anschließenden ruhigeren Zeit im Alarmposten. Zum Schluss kannst du dich am Lagerfeuer wieder aufwärmen.

Die Rekrutenbesichtigung

Die Rekrutenbesichtigung ist die Abschlussprüfung der Grundausbildung und beinhaltet Prüfungen in allen Teilbereichen. In der Regel werden die geforderten Tätigkeiten im Verbund, das heißt in einer taktischen Lage geprüft. Je nachdem, wo deine Rekrutenbesichtigung stattfindet und welche Infrastruktur an diesem Ort vorhanden ist, können auch komplexere Lagen dargestellt werden. Die Länge der Rekrutenbesichtigung richtet sich nach den Lagen, die abgebildet werden, und beträgt mehrere Tage. Die Prüfungen reichen

- von kleineren Tests wie dem Zerlegen und Zusammensetzen von Waffen ohne Sicht (dunkler Raum oder mit verbundenen Augen) oder dem Anfertigen von Skizzen
- über taktische Aufgaben im Trupprahmen wie Betrieb sowie Übernahme/Übergabe des Alarmpostens
- bis zu hin zu komplexen taktischen Aufgaben im Gruppenrahmen wie dem Gruppengefechtsschießen im scharfen Schuss.

Abgeschlossen wird die Rekrutenbesichtigung meistens mit einem längeren Marsch gefolgt von der Überwindung der Hindernisbahn im Gruppenrahmen mit Gepäck. Während der gesamten Zeit sind „Ausfälle“ oder „Verwundungen“ von Kameraden üblich, die daraufhin getragen werden müssen. Deine Ausbilder fordern somit kurz vor Ende der Abschlussprüfung noch einmal den Zusammenhalt der Gruppe. Abgeschlossen wird die Grundausbildung mit einer Art „Zieleinlauf“.

Meine Tipps aus der Praxis: Die Rekrutenbesichtigung ist kräftezehrend und raubt dir Schlaf. Bereite dich also mit ausreichend Schlaf vor und vermeide extreme Trainingseinheiten kurz vorher.

Mein letzter Tipp ist eigentlich kein Tipp, sondern vielmehr eine Einstellung. Der Schlüssel zu einem erfolgreichen Bestehen aller Prüfungen ist einzig und allein die Kameradschaft. Überlegene körperliche Leistungsfähigkeit ist zwar vorteilhaft, jedoch braucht früher oder später jeder Hilfe. Der eine nachts im Alarmposten, der andere auf dem Rückmarsch von der Rekrutenbesichtigung.

Eine funktionierende Kameradschaft liefert in jeder Situation Sicherheit und ermöglicht eine optimale Erfüllung des Auftrags – lebe sie!

Was danach kommt

Nach deiner Grundausbildung bleibst du entweder Soldat in deiner Grundausbildungseinheit und wirst im Innendienst oder als Hilfsausbilder eingesetzt oder wirst in eine neue Stammeinheit versetzt. Dort durchläufst du in den meisten Kompanien eine weiterführende Spezialgrundausbildung (SGA) oder eine Dienstpostenausbildung (DPA). In diesen Ausbildungen wirst du auf deine neue Verwendung vorbereitet und befähigt, dich in deiner neuen Kompanie optimal einzubringen.

Ich empfehle dir die Gruppe www.facebook.com/groups/bundeswehreinstellungstest/ auf Facebook. Die Community umfasst über 8.500 User (Stand: April 2021) und besteht nicht nur aus Rekruten und Bundeswehr-Interessierten, sondern auch aus aktiven und ehemaligen Soldaten sowie Reservisten. Solltest du also nach diesem Buch noch Fragen haben, kannst du diese dort stellen und dir eine umfassende Antwort holen.

Anhang

Ich habe dir im Kapitel „Der Befehl“ den Aufbau des Operations- und des Gefechtsbefehls versprochen. Darüber hinaus auch das Merkwort EREZA für die Zielzuweisung. Diese werden nicht vergessen!

Bedenke, dass die Bundeswehr viele verschiedene Teilbereiche hat und es vorkommt, dass Angehörige verschiedener Teilbereiche die Inhalte der einzelnen Punkte anders priorisieren und diese daher anders positionieren oder ausdrücken. Kleine Abweichungen sind also möglich.

Der Gefechtsbefehl

Schema des Gefechtsbefehls - LAD

1. LAGE

Informationsweitergabe an die Gruppe über eine Lageentwicklung

„Männer herhören, Lageinformation! ...“

2. ABSICHT

Beabsichtigtes Handeln, um auf die Lageänderung zu reagieren

„Meine Absicht ist es, ...“

3. DURCHFÜHRUNG / „DAZU BEFEHLE ICH!“

Erteilung der Einzelaufträge an bestimmte Soldaten oder die gesamte Gruppe

„Dazu befehle ich, ...“

Der Operationsbefehl

Schema des Operationsbefehls - LADEF

Gemäß des geltenden NATO Standardization Agreement - STANAG

1. LAGE

1a) Lage feindlicher Kräfte	Art, Stärke, Verhalten, vermutete Absicht
1b) Lage eigener Kräfte	Lage, Auftrag, Absicht der übergeordneten Führung
1c) Unterstellungen und Abgaben	Zusätzlich unterstelle oder abgegebene Truppen
1d) Lage ziviler Kräfte	Anwesenheit von Bevölkerung oder Nicht-Regierungsorganisationen (NGOs) und deren vermutete Absicht

2. AUFTRAG

Auftrag deiner Gruppe

3. DURCHFÜHRUNG

3a) Eigene Absicht	Wer? Tut was? Wann? Wie? Wo? Wozu? (Entschluss)
3b) Einzelaufträge	Abhängig vom Auftrag der Gruppe: Einzelaufträge für bestimmte Schützen (z.B. MG oder Panzerfaust) Sonderaufträge (z.B. Aufklärer voraus oder Melder)
3c) Maßnahmen zur Koordinierung	Zeiten für Funküberprüfung, Abmarschbereitschaft, etc. Verhalten bei: Erreichen Marschziel Aufklärung von Feindkräften Beschuss ...

4. EINSATZUNTERSTÜTZUNG

Munition	Mitzuführende Munitionsbestände aller Waffen
Kraftstoff	Herzustellende Füllstände aller Fahrzeuge
Verpflegung	Mitzuführende Bestände an Trinkwasser und Verpflegung
Sanitätsunterstützung/-Versorgung	Verhalten bei Verwundung und Rettungskette

5. FÜHRUNGSUNTERSTÜTZUNG

Verwendete Führungsmittel	Kommunikationsmittel wie Funkgeräte
Sprechtafeln	Decknamen, Verschleierung, etc.
Frequenzen	Frequenzen, Ausweichfrequenzen, etc.
Erkennungszeichen	Für Tag und Nacht
Parolen	Für die vorgegebenen Zeiträume
Fragen?	Von den unterstellen Soldaten an den Befehlsgebenden
Fragen!	Vom Befehlsgebenden an die unterstellten Soldaten Auftragswiederholung etc.
Uhrzeitvergleich	*„auf meiner Uhr ist es..“*

Die Zielzuweisung

Merkwort für die Zielzuweisung EREZA

Einheit

Ansprache der Soldaten, die eine bestimmte Handlung ausführen sollen

„Stellung 3 und 4,“

Richtung

Beginn mit der Zielansprache durch Richtungsweisung

„Geradeaus / 12 Uhr,“

Entfernung

Eingrenzung des Gebietes, indem sich die Ziele befinden durch Angabe der Entfernung

„200,“

Ziel

Nennung der exakten Ziele

„vier feindliche Schützen,“

Ausführung

Ausführungsbefehl für Bewegung oder Feuer

„FEUER!“

Der Zielzuweisung in diesem Fall würde in Gänze wie folgt lauten: *Stellung 3 und 4, geradeaus, 200, vier feindliche Schützen, FEUER!*

Dieses Merkwort kann bei Bedarf auch durch ein Hilfsziel ergänzt werden, um eine genauere Zielansprache zu ermöglichen. Dieses Hilfsziel wird dann vor das eigentliche Ziel gesetzt. Eine Zielansprache nach EREHZA würde beispielsweise so lauten: *Stellung 3 und 4, geradeaus, 200, links angelehnt an Haus mit rotem Dach, ein feindlicher Schütze in Stellung, FEUER!*

Abkürzungsverzeichnis

Die Bundeswehr als staatliche Institution ist bekannt für ihre Abkürzungen für alles und jeden. Um dir in deinen ersten Wochen und Monaten in der Bundeswehr einen kleinen „Übersetzer" an die Hand zu geben, habe ich zum Abschluss noch ein kleines Abkürzungsverzeichnis für dich mit den meiner Meinung nach wichtigsten Abkürzungen für die ersten Wochen und Monate im Dienst. Das Verzeichnis ist nach Themengebieten aufgebaut, um die Abkürzungen sinnvoll verknüpfen zu können.

Einheitsgrößen

S = Soldat

Schtz = Schütze

Trp = Trupp

HalbGrp = Halbgruppe

Grp = Gruppe

HalbZg = Halbzug

Zg = Zug

HSL = Hörsaal (in Schulen, Äquivalent zum Zug)

Kp = Kompanie

Einh = Einheit (Äquivalent zur Kompanie)

In = Inspektion (in Schulen, Äquivalent zur Kompanie)

Btl = Bataillon

LGrp = Lehrgruppe (in Schulen, Äquivalent zum Bataillon)

Rgt = Regiment

Brig = Brigade

Div	= Division
Krp	= Korps
A	= Armee

Aufbau der Bundeswehr

SK	= Streitkräfte
BMVg	= Bundesministerium der Verteidigung
TSK	= Teilstreitkraft
OrgBer	= Organisationsbereich
Tr	= Truppe
H	= Heer
Lw	= Luftwaffe
M	= Marine
SKB	= Streitkräftebasis
ZSanDstBw	= Zentraler Sanitätsdienst der Bundeswehr
CIR	= Cyber- und Informationsraum
Inf	= Infanterie
Jg	= Jäger
GebJg	= Gebirgsjäger
FallSchJg	= Fallschirmjäger
PzTr	= Panzertruppen
Pz	= Panzer
PzGren	= Panzergrenadier

PiTr = Pioniertruppe

HAufklTr = Heeresaufklärungstruppe

AufklTr = Aufklärungstruppe

FeSpähTr = Fernspähtruppe

ArtTr = Artillerietruppe

LogTr = Logistiktruppe

HFlg = Heeresflieger

SpezKr = Spezialkräfte

FMTr = Fernmeldetruppe

Die Kompanie

KpChef = Kompaniechef

DiszVorges = Disziplinarvorgesetzter (KpChef)

EinhFhr = Einheitsführer (KpChef)

KpFü = Kompanieführung

KpFw = Kompaniefeldwebel (Spieß)

KpTrp = Kompanietrupp

KpTrpFhr = Kompanietruppführer

PersFw = Personalfeldwebel

MatBewFw = Materialbewirtschaftungsfeldwebel (führt unter anderem WaKa)

SchirrMstr = Schirrmeister (führt Inst)

SiBe = Sicherheitsbeauftragter

IT-SiBe/ISB = IT-Sicherheitsbeauftragter

TE = Teileinheit

TEFhr = Teileinheitsführer

ZgFhr = Zugführer

Inst = Instandsetzung / Instandhaltung

WaKa = Waffenkammer

GeZi = Geschäftszimmer

Soldatenstellung / Soldatenstatus

DE = Diensteintritt

DZE = Dienstzeitende

FWDL = freiwillig Wehrdienstleistender

SaZ = Soldat auf Zeit

BS = Berufssoldat

RDL = Reservedienstleistender / Reservist

Dst = Dienst

DP = Dienstposten

DstSt = Dienststelle

Täglicher Dienst

DB = Dienstbeginn

PK = Personenkennzahl

PersNr = Personalnummer

IGF = individuelle Grundfertigkeiten

DSA = Deutsches Sportabzeichen

BFT = Basis-Fitness-Test

CFT = Combat-Fitness-Test

San-Ber = Sanitätsbereich

G-Akte = Gesundheitsakte

Z-Akte = Zahn-Akte

MSG = Marsch-, Sport-, Geländebefreit

KaS = krank auf Stube

KzH = krank zu Hause

DVag = dienstliche Veranstaltung

PolBil = politische Bildung

Ausbildung / Übung

GA = Grundausbildung

AGA = Allgemeine Grundausbildung (=GA)

BGA = Basisgrundausbildung (für Spitzensportler)

SGA = Spezialgrundausbildung

DPA = Dienstpostenausbildung

Ausb = Ausbildung

AaA = Ausbildung am Arbeitsplatz

StOÜbPl = Standortübungsplatz

TrÜbPl = Truppenübungsplatz

StOSchAnl = Standortschießanlage

SidaF = Soldat in darstellender Funktion

Online-Bewerber-Training

Bestehe deinen Einstellungstest mit der Plakos-Einstellungstest-App!

Alle Tests und Infos immer in der Hosentasche dabei!

Kostenlose Updates und neue Fragen immer griffbereit.

Kurse und Lektionen abgestimmt auf den jeweiligen Beruf

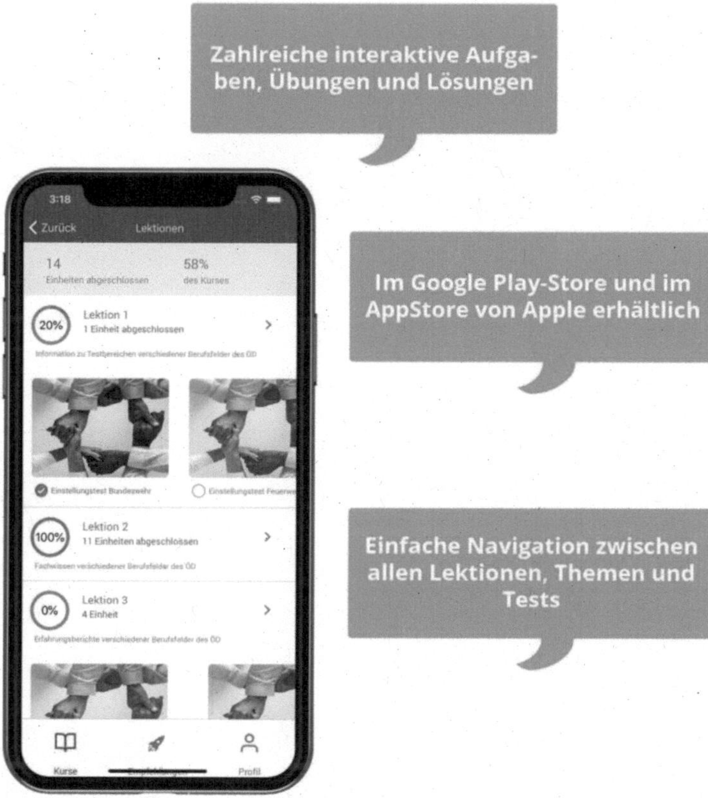

Bestehe deinen Einstellungstest mit der Plakos-Einstellungstest-App! Mit der Plakos-App hebst du deine Einstellungstest-Vorbereitung auf ein neues Level! Du profitierst von Lösungswegen und ausführlichen Erklärungen zu jeder Aufgabe. Am Ende bekommst du eine Auswertung deiner Ergebnisse. Sichere dir jetzt deinen Vorteil gegenüber anderen Mitbewerbern! Wähle die gewünschte Berufsgruppe aus und melde dich mit deinen Zugangsdaten aus dem Mitgliederbereich der Plakos Akademie an. Es werden dir dann die passenden Übungen für den Einstellungstest angezeigt.

Lebenslanger Zugriff auf zahlreiche interaktive Aufgaben, Übungen und Lösungen

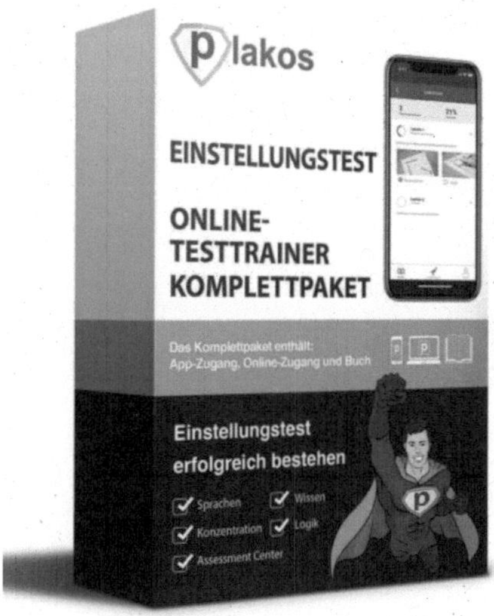

Online vom PC, Smartphone oder Tablet zugreifen

Videokurse, Erfahrungsberichte, Podcasts inklusive

Tausende Bewerber üben jährlich ganz konkret mit den Plakos-Online-Testtrainings. Sie gehen anschließend mit mehr Selbstbewusstsein und Wissen in ihr Auswahlverfahren.

Die Online-Testtrainer gibt es in verschiedenen Preiskategorien für zahlreiche Berufe wie zum Beispiel im öffentlichen Dienst, im Bereich Gesundheit, Pflege und Soziales oder für technische und kaufmännische Berufe.

Da du bereits dieses Buch erworben hast, möchten wir dir an dieser Stelle einen **Gutschein für unsere Online-Programme in Höhe von 15 Euro** schenken. Die folgende Kurzanleitung beschreibt dir, wie du den Gutschein einlösen kannst:

1. Öffne den Browser auf deinem Smartphone, Tablet oder deinem Desktopcomputer.
2. Scanne den QR-Code oder gib die folgende URL in die Adresszeile ein oder: plakos-akademie.de/produkt/app-testtrainer-vollversion-15/
3. Mit dem Produkt „Testtrainer App“ hast du Zugriff auf fünf unserer Kurse: Testtrainer, Allgemeinwissen, Konzentration, Logik und Sprache.
4. Gib am Ende des Bestellprozesses den folgenden Gutscheincode ein. Bitte beachte, dass mit dem Gutscheincode in der Testtrainer App nicht alle Plakos-Akademie-Kurse freischaltet sind.

buchrabatt15

Bei Fragen kannst du gerne eine E-Mail an support@plakos.de senden. Antworten auf häufig gestellte Fragen findest du auf der Webseite plakos-akademie.de/kundenservice/. Eine Übersicht zu allen Lern-Apps von Plakos findest du unter plakos-akademie.de/kundenservice-apps/.